国家级职业教育规划教材
全国中等职业学校会计专业教材

（第2版）

税收实务

人力资源社会保障部教材办公室　组织编写
范华　主编

中国劳动社会保障出版社

简　介

本教材为国家级职业教育规划教材，主要介绍了我国现行主要税种的基本要素、税收优惠政策以及应纳税额计算和纳税申报等税收基础知识及相关规定，具体内容包括：税收基础知识、增值税、消费税、关税、企业所得税、个人所得税、其他税种等。教材文字简练通俗，内容丰富实用，在知识讲解中引入例题和解析，每章还配有练习题，帮助学生巩固所学知识。

本教材由范华任主编，范荣志参与编写。

图书在版编目（CIP）数据

税收实务 / 范华主编. -- 2 版. -- 北京：中国劳动社会保障出版社，2019
全国中等职业学校会计专业教材
ISBN 978-7-5167-3694-4

Ⅰ. ①税…　Ⅱ. ①范…　Ⅲ. ①税收管理－中国－中等专业学校－教材　Ⅳ. ①F812.423

中国版本图书馆 CIP 数据核字（2018）第 227509 号

中国劳动社会保障出版社出版发行
（北京市惠新东街 1 号　邮政编码：100029）
*
河北品睿印刷有限公司印刷装订　新华书店经销
787 毫米 ×1092 毫米　16 开本　13.25 印张　222 千字
2019 年 3 月第 2 版　2024 年12月第 8 次印刷
定价：28.00 元

营销中心电话：400-606-6496
出版社网址：http://www.class.com.cn
http://jg.class.com.cn

前　言

全国中等职业学校会计专业教材自出版以来，在学校教学中发挥了重要作用。近年来随着会计行业的发展变化，企业对从业人员的知识水平和职业能力提出了更高的要求。为适应这一变化，满足学校培养人才的需求，我们组织一批教学经验丰富、实践能力强的教师与行业、企业专家，在充分调研的基础上，对现有教材进行了修订。

本次教材修订工作的重点主要体现在以下几个方面：

◆ 更新教材内容。根据近年来会计政策和法规的变化，调整、更新了企业会计准则以及增值税、营业税等税收法规的内容；补充了会计理论的最新知识，强调了互联网时代在会计记账、核算、报税过程中对新技术和新设备的应用；完善了最新会计软件的操作方法，使得教材内容更加具有前瞻性，符合时代发展特点。

◆ 强化职业技能和职业素质培养。教材进一步加大技能训练的比重，在涉及到记账、出纳、成本核算、纳税等主要会计技能的教材中，更多地加入实践题例和操作指导，方便教师开展一体化教学。同时，将与会计行业相关的职业道德、职业操守等内容融入到教学知识、课堂问答、课后训练等各环节，以加强对学生职业素质的培养。

◆ 提升教材表现力。通过设置案例分析、知识链接、能力提示等不同栏目，增加教材的亲和力，激发学生的学习兴趣。同时，尽可能多地以图表代替冗长的文字叙述，使教材更加生动，易于学习。

◆ 加强立体化资源建设。习题册修订和教材修订同步进行，同时补充开发配套的电子课件。习题册答案及电子课件可登录 zyjy.class.com.cn，搜索相应的书目，在相关资源中下载。

本套教材的编写得到了有关学校的大力支持，教材的编审人员做了大量的工作，在此，我们表示衷心的感谢！同时，恳切希望广大读者对教材提出宝贵的意见和建议。

人力资源社会保障部教材办公室

目　录

CONTENTS

第一章 税收基础知识

学习目标

- 了解税收的主体、目的、征收形式及本质
- 了解税收的基本特征、职能和作用
- 掌握税收的分类
- 了解税收制度的概念及构成要素
- 掌握税务登记、纳税申报以及税款征收的方法

第一节　税收基本概念

一、税收的内涵

税收是国家为了实现其职能，按照法定标准，无偿取得财政收入的一种手段，是国家凭借政治权力参与国民收入分配和再分配而形成的一种特定分配关系。这一概念包含以下要点。

1. 税收的主体

税收的主体包括征税主体和纳税主体。征税主体是国家。国家是指由经济上占统治地位的阶级在一定数量居民生存的一定领域建立的，凭借有组织暴力，并以全社会的名义实行阶级统治的组织。纳税主体是单位和个人。单位包括经济组织和机关、团体，其中经济组织是指组织社会生产、分配、交换和消费的各种专业机构，如企业、专业公司、银行等；个人是指自然人。征税主体凭借政治权力向纳税主体征税。

2. 税收的目的

无论是用来取得财政收入还是用来调节经济，税收都是为实现国家职能服务的，这是一切国家税收的共性，既是税收的始发目的，也是税收的最终目的。

3. 税收的征收形式

税收是国家取得的财政收入，其征收形式是实物和货币。

4. 税收的本质

税收虽然是取得财政收入的手段，但从本质上看则体现一种分配关系。取得财政收入是税收的表象，实际上国家利用税收取得财政收入，必定发生同单位和个人之间对社会产品的征纳关系。这种征纳关系是一种利益分配关系，是税收的本质。

二、税收的基本特征

税收自产生以来，一直是国家财政收入的基本形式。它与其他财政收入形式相比较，具有以下三个基本特征。

1. 强制性

税收的强制性是指国家征税是凭借国家政治权力，通过颁布税法进行的。税法是国家法律的组成部分，任何单位和个人都必须遵守并依法纳税，否则就要受到法律的制裁。因此，税收是国家取得财政收入最普遍和最可靠的形式。

2. 无偿性

税收的无偿性是指国家征税后，税款即为国家所有，不再归还纳税人，也不向纳税人支付任何代价或报酬。也就是说，依法纳税是每个纳税人应尽的义务，纳税人必须按照税法的规定，履行纳税义务，不得要求任何回报或补偿，也不得附带任何条件或要求。

3. 固定性

税收的固定性是指税法预先规定了征税的对象以及固定的征收比例或款额。税收所规定的征收标准，国家和纳税人都必须遵守。纳税人只要取得税法规定的应税收入，或发生了应税行为，或拥有了应税财产，就必须按照预定的标准如数缴纳，不得违反征收标准。同样，国家也只能按预定的标准对纳税人征税，不能任意降低或提高征收标准。税收的这种固定性使征纳双方都有法可依，既能够维护征纳双方的正当权益，又能够对征纳双方进行约束。

当然，税收的固定性并非一成不变，国家可以依据政治、经济的发展变化，相应修改税法，调整税收的各项规定。

三、税收的职能

税收的职能是指税收所固有的职责与功能，它是税收本质的具体体现。税收主要有组织财政收入、调节经济和监督管理三个职能。

1. 组织财政收入职能

国家为了实现其职能，需要大量的财政资金。税收作为国家依照法律规定参与剩余产品分配的活动，承担起了组织国家财政收入的重要任务。税收自产生之日起，就具备了组织财政收入的职能，这也是税收最基本的职能。

2. 调节经济职能

国家向纳税人征税，参与国民收入的分配，使一部分社会产品转归国家所有，客观上必然会改变社会产品在各纳税人之间、各行各业以及各种经济成分之间的原有分配状况，势必对纳税人的经济活动产生一定的影响，使资金流向、生产结构、消费结构等方面发生变化。因此，国家有目的地利用税收体现其有关的社会经济政策，通过对各种经济组织和社会成员经济利益的调节，使微观经济行为尽可能符合国家预期的社会经济发展方向，以有助于社会经济的顺利发展，从而使税收成为国家调节社会经济活动的重要经济杠杆。税收对经济生活的这种影响，就是税收的调节经济职能。

3. 监督管理职能

国家向纳税人征税，客观上反映出纳税人的生产经营和收入状况，并相应地反映出国民经济的发展态势。而税收的征收管理，又能制约纳税人的生产经营活动，保证各项税收政策的贯彻执行。税收的这种反映和制约，就是税收的监督管理职能。

四、税收的作用

税收的作用主要表现在以下几个方面。

1. 税收是国家组织财政收入的主要形式和工具

税收在保证和实现财政收入方面起着重要的作用。由于税收具有强制性、无偿性和固定性，因而能保证收入的稳定；同时，税收的征收十分广泛，能从多方筹集财政收入。

2. 税收是国家调控经济的重要杠杆之一

国家通过税种的设置以及在税目、税率、加成征收或减免税等方面的规定，可以调节社会生产、交换、分配和消费，促进社会经济的健康发展。

3. 税收具有维护国家政权的作用

国家政权是税收产生和存在的必要条件，而国家政权的存在又依赖于税收的

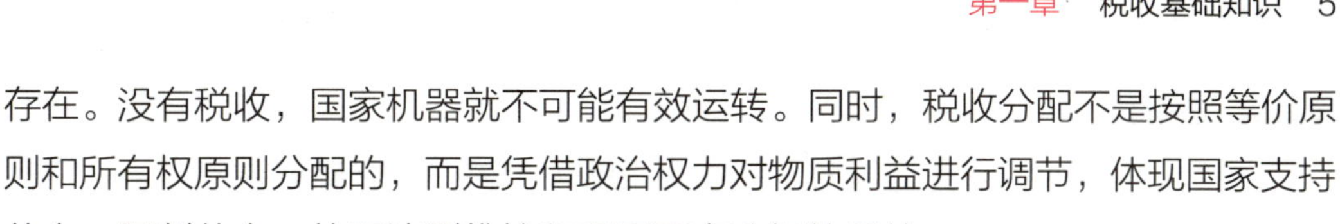
存在。没有税收，国家机器就不可能有效运转。同时，税收分配不是按照等价原则和所有权原则分配的，而是凭借政治权力对物质利益进行调节，体现国家支持什么、限制什么，从而达到维护和巩固国家政权的目的。

4. 税收具有监督经济活动的作用

国家在征收税款过程中，一方面要查明情况，正确计算并征收税款；另一方面又能发现纳税人在生产经营过程中，或是在缴纳税款过程中存在的问题。国家税务机关对征税过程中发现的问题可以采取措施进行纠正，也可以通知纳税人或政府有关部门及时解决。

五、税种的分类

税制中规定的应予课征税收的种类即为税种。税收分类可以采用各种不同的标准，从而形成不同的分类方法。

1. 按征税对象分类

按征税对象分类，税收可分为流转税、所得税、资源税、财产税和行为税。

（1）流转税

以销售商品或提供劳务的流转额为征税对象征收的税称为流转税，也称商品和劳务税。商品交易发生的流转额称为商品流转额，这个流转额既可以是指商品的实物流转额，也可以是指商品的货币流转额。商品交易是一种买卖行为，如果税法规定卖方为纳税人，商品流转额即为商品销售数量或销售收入。如果税法规定买方为纳税人，商品流转额即为采购数量或采购支付金额。非商品流转额是指各种社会服务性行业提供劳务所取得的业务或劳务收入金额。按销售收入减除物耗后的增值额征收的增值税，也归于流转税一类。

流转税形式上由商品生产者或销售者缴纳，但其税款常附着于卖价，易转嫁给消费者负担，而消费者却不直接感到税负的压力。由于以上这些原因，流转税对保证国家及时、稳定、可靠地取得财政收入有着重要的作用。同时，它对调节社会生产、消费也有一定的作用。因此，流转税一直是我国的主体税种。

我国现行的流转税主要有增值税、消费税和关税等。

（2）所得税

以纳税人的所得额为征税对象征收的税称为所得税。所得税是对纳税人在一定时期（通常为一年）的合法收入总额减除成本费用和法定允许扣除的其他各项支出后的余额，即应纳税所得额征收的税。

所得税按照纳税人负担能力（即所得）的大小和有无来确定税收负担，实行“所得多的多征，所得少的少征，无所得的不征”原则。因此，它对调节国民收入分配，缩小纳税人之间的收入差距有着特殊的作用。

我国现行的所得税主要有企业所得税和个人所得税等。

（3）资源税

资源税是对开发、利用和占有国有自然资源的单位和个人征收的一类税。征收资源税有两个目的：一是为了取得资源消耗的补偿基金，保护国有资源的合理开发和利用；二是为了调节资源级差收入，以利于企业在平等的基础上开展竞争。

我国现行的资源税主要有城镇土地使用税、耕地占用税、资源税、土地增值税等。

（4）财产税

财产税是以纳税人所拥有或属其支配的财产数量或价值额为征税对象征收的税，包括对财产的直接征收和对财产转移的征收。开征财产税除了为国家取得财政收入外，对提高财产的利用效果、限制财产的不必要占有量也有一定作用。

我国现行的财产税主要有房产税、契税、车辆购置税、车船税等。

（5）行为税

对特定行为征收的税称为行为税，它一般是指以某些特定行为为征税对象征收的一类税种。征收行为税一般是为了对某些特定行为进行限制、调节，使微观活动符合宏观经济的要求，也有时只是为了开辟地方财源，达到特定的目的。行为税的设置比较灵活，其中有些税种具有临时税的性质。

我国现行的行为税主要有印花税、城市维护建设税等。

2. 按计税依据分类

按计税依据分类，税收可分为从价税和从量税。

（1）从价税

从价税是以征税对象的价格为依据而计算征收的税种。根据价值理论原理，在一般情况下，商品的价格与价值是趋于一致的，价值高的商品价格也高，价值低的商品价格也低。这样，优质高价的商品就要比劣质低价的商品多负担税收，从而使税收负担相对均衡、合理，且随价格变动而变动。从价税在使用上也较广泛。

我国现行的大多数税种，如增值税、关税和房产税等，都属于从价税。消费税的大部分税目都采用从价计税，也可以归于从价税。

（2）从量税

从量税是以征税对象的重量、件数、容积或面积等为依据而计算征收的税种。从量税通常采用固定税额、从量计征的方法，它不能充分反映征税对象的质量与价格差别，存在税收负担不合理的缺陷。但从量税计算简单，简便易行。

我国现行的从量税有车船税、资源税和城镇土地使用税等。

3. 按税收与价格的关系分类

按税收与价格的关系分类，税收可分为价内税和价外税。价内税是指构成价格组成部分的税收，我国现行的消费税、关税都属于价内税。价外税是指价格之外的附加额的税收，我国现行的增值税就属于价外税。

价内税有利于国家通过对税负的调整，直接调节社会生产和消费，但往往容易造成对价格的扭曲。价外税与企业的成本核算和利润、价格没有直接联系，能更好地反映企业的经营成果，不致因征税而影响公平竞争；同时，不干扰价格对市场供求状况的正确反映，因此，更适用市场经济的要求。

4. 按税收管理和使用权限分类

按税收管理和使用权限分类，税收可分为中央税、地方税和中央地方共享税，这是在分级财政体制下的一种重要分类方法。通过这种划分，可以使各级财政有相应的收入来源和一定范围的税收管理权限，从而有利于调动各级财政组织收入的积极性，更好地完成一级财政的任务。一般将税源集中、收入大、涉及面广，由全国统一立法和统一管理的税种划作中央税；将一些与地方经济联系紧密，税源比较分散的税种划作地方税；将一些既能兼顾中央和地方经济利益，又有利于调动地方财政组织收入积极性的税种划作中央地方共享税。我国现行的中央税主要有关税、消费税，地方税主要有一些对财产和行为的课税，中央地方共享税主要有增值税、资源税等。

5. 按税负能否转嫁分类

按税负能否转嫁分类，税收可分为直接税和间接税。税负转嫁是指纳税人依法缴纳税款之后，通过种种途径将所缴税款的一部分或全部转移给他人负担的经济现象和过程，它表现为纳税人与负税人的非一致性。由纳税人直接负担的税收称为直接税，在这种情况下纳税人即负税人，如所得税、遗产税等。可以由纳税人转嫁给负税人的税收称为间接税，即负税人通过纳税人间接缴纳的税收，如增值税、消费税、关税等。

第二节 税收制度

一、税收制度的概念

税收制度也称税收法律制度，简称税制，是指国家以法律形式规定的各种税收法律、法规的总称，或者说是国家以法律形式确定的各种课税制度的总和。税收制度是取得收入的载体，主要包括国家的税收法律和税收管理体制等。

二、税收制度的构成要素

税收制度的法律形式是税法。税法由若干基本要素组成，这些要素称为税收制度的构成要素。

税收制度的构成要素一般包括纳税人、课税对象与课税依据、税目、税率、纳税环节、纳税期限、纳税地点、税收减免、违章处理等，其中纳税人、课税对象和税率为税收制度的三个基本要素。

1. 纳税人

纳税人即纳税义务人的简称。纳税人是指在税法上规定直接享有纳税人权利、负有纳税义务的单位和个人。纳税人是构成税制的最基本要素，是纳税主体，表明了由谁来缴纳税款。纳税人可以是自然人或法人。

知识链接

纳税人相关概念

代扣代缴义务人：代扣代缴义务人也称扣缴义务人。根据税法规定，代扣代缴义务人是指有义务从纳税人收入中扣除其应纳税款并代为缴纳税款的企业或单位。确定代扣代缴义务人，有利于加强税收的源泉控制，简化征税手续，减少税款流失。

名义纳税人和实际纳税人：在一般情况下，税法中规定的纳税人就是实际纳税人。但在某些税种中，国家为了及时取得财政收入，防止偷逃税款，往往采取源泉控制的方法，这就出现了名义纳税人和实际纳税人不统一的问题。名义纳税人是指替别人履行纳税义务的纳税人。实际纳税人是指直接支付税款的纳税人。实际纳税人通过名义纳税人实现向国家缴纳税款的义务。

代征人：代征人是指受税务机关委托代征税款的单位和个人。代征人必须按照税法规定和委托证书的要求，履行代征税款的义务。

2. 课税对象与课税依据

课税对象也称征税对象，是征税的标的物，也是纳税的客体。课税对象是税制构成的核心要素。每种税都有自己的课税对象，它是区分不同税种的主要标志，体现了不同税种征税的基本界限，决定着不同税种名称的由来以及各税种在性质上的差别，并对税源、税收负担等产生直接影响。

课税依据也称征税依据，在理论上称为税基。纳税人的应纳税款是根据课税依据乘以税率计算出来的。因此，正确掌握课税依据是税务机关贯彻执行税收政策法规，保证国家财政收入的重要问题，也是纳税人正确履行纳税义务、合理负担税收的重要标志。不同税种的课税依据不同，可采用实物量或价值量作为课税依据。以征税对象的自然实物量，如销售量、面积、重量等作为课税依据计算应纳税额的称为从量计征；以征税对象的价值量，如销售额、所得额等作为课税依据计算应纳税额的称为从价计征。

3. 税目

税目是对征税对象和范围进行分类的具体项目。不是所有的税种都规定税目，对那些对象简单明确的税种，如房产税、屠宰税等不再另行规定税目。但大多数税种，由于征税对象比较复杂，而且税种内部不同征税对象又需要采取不同的税率档次进行调节，这样就需要对税种的征税对象作进一步划分，划分具体界限范围，此界限范围称为税目。

税目一般分为列举税目和概括税目两种。列举税目就是将每一种商品或经营项目等采用逐一列举的方法，分别规定税目，必要时还可以在税目下划分若干细目。概括税目就是按照商品大类或行业分类，采用概括方法规定税目。

4. 税率

税率是应纳税额与课税对象数额之间的关系或比例，是计算应纳税额的尺度。我国现行的税率有以下几种。

（1）比例税率

比例税率是对征税对象不论其数额大小，都按同一个比例征税，税额与课税对象数额之间的比例是固定的。比例税率具体分为单一比例税率、差别比例税率和幅度比例税率。比例税率的优点是对同一课税对象的不同纳税人税收负担相同并计算方便。缺点是不分纳税人的收入状况、设备条件、经营地点等，均按同一税率征税，这与纳税人的负担能力不完全适用，在调节企业利润水平方面有一定的局限性。

（2）累进税率

累进税率是对同一征收对象按数额大小划分级距，实行逐级递增的系列税率。通常要对计税依据分为若干等级，每一等级相应规定一个比例税率，数额越大，适用税率越高。累进税率制度既适用纳税人的负担能力，又有利于调节纳税人的收入水平，通常适用于对所得和财产的征税。累进税率按结构不同，又可分为全额累进税率、超额累进税率和超率累进税率。

全额累进税率是对纳税对象的全部数额按照与之相适用等级的累进税率计算纳税。即在纳税对象数额提高到一个新的级距时，对其全额都适用同一级的税率计算纳税，其累进幅度较大。

超额累进税率是把纳税对象按数额大小划分为若干等级，从低到高对每个等级分别规定相应的税率，一定数额的纳税对象可以适用几个等级的税率，每超过一级，超过部分则按提高一级的税率征税，这样分别计算税额，各等级应纳税额之和就是纳税人的应纳税额，其累进幅度较小。

超率累进税率与超额累进税率在道理上是相同的，不过税率累进的依据不是纳税对象数额的大小，而是销售利润率、资金利润率或增值率的高低。

（3）定额税率

定额税率也称固定税额，是按征税对象的计量单位直接规定应纳税额，是税率用绝对量表示的一种特殊形式。定额税率通常适用于从量定额征税的商品或税种，如资源税、车船税、土地使用税等都是采用定额税率。定额税率计算简便、税负稳定，不受物价波动的影响。

（4）零税率

零税率是税率为零的税率，它是免税的一种形式，说明纳税对象的持有人有纳税义务，但不需缴纳税款。零税率通常有两种情况：一是对所得征税时，对所得额中的免税部分全额规定税率为零，以保证所得者的生活和生产之需；二是对商品征税时，对出口商品规定税率为零，即退还出口商品在生产和流转环节已纳的商品税，使商品以不含税价格进入国际市场，以增强商品在国际市场上的竞争力。

5. 纳税环节

纳税环节是指课税对象在经济活动中应当缴纳税款的环节。经济活动过程是由多个不同环节组成的，如商品有产制、批发、零售等环节，财产有买进、卖出、使用、租赁等环节，所得有支付和收入等环节。税款应在哪个环节或哪几个环节缴纳，这是税法必须明确规定的。纳税环节可分为一次课征制和多次课征制，我国现行的消费税为一次课征制，增值税则为多次课征制。

确定纳税环节是流转课税的一个重要问题，它关系到税制结构和税种的布局，关系到税款能否及时足额入库，关系到地区间税收收入的分配，同时关系到企业的经济核算和是否便利纳税人缴纳税款等问题。所以，选择确定纳税环节必须和价格制度、企业财务核算制度相适用，同纯收入在各个环节的分布情况相适用，以利于经济发展和控制税源。

6. 纳税期限

纳税期限是指税法规定纳税人缴纳税款的时间期限，它是税收的强制性和固定性在时间上的体现。超过期限未交税的属于欠税，应依法加收滞纳金。各税种由于自身的特点不同，有着不同的纳税期限，一般分为按期纳税和按次纳税两种形式。我国现行税制的纳税期限形式主要有以下几种：

（1）按日缴纳，即以 1 日、3 日、5 日、10 日、15 日为纳税期限。

（2）按月缴纳，即以一个月为纳税期限。

（3）按季缴纳，即以一个季度为纳税期限。

（4）按年缴纳，即以一年为纳税期限。

（5）按次缴纳，即纳税人每发生一次纳税义务就纳税一次，不规定具体纳税时间。

7. 纳税地点

纳税地点是税收制度中规定的纳税人或扣缴义务人缴纳税款的地点。纳税地点可以是生产经营地、机构注册地和报关地等。

8. 税收减免

税收减免是对某些纳税人和纳税对象给予鼓励和照顾的一种特殊规定。减税是指对应纳税额少征一部分税款。免税是指对应纳税额全部免征。除税法另有规定外，一般减税、免税都属于定期减免性质，期满后应恢复征税。

（1）税收减免类型

1）法定减免。凡是在各种税的基本法规中规定的减税和免税，称为法定减免。它体现各有关税种税收的基本原则规定，一般具有长期的适用性。法定减免必须在基本法规中明确列举减免税的项目、范围和时间。

2）特定减免。特定减免是指根据社会经济发展变化和发挥税收调控作用的需要而规定的减免。特定减免主要有两种：一是税收的基本法规确定后，随着国家政治和经济情况的发展变化所作的新的减免税补充规定；二是税收基本法规中不能或不宜一一列举，采用补充规定的减免形式。特定减免可分为无期限和有期限两种减免，在一般情况下，特定减免是有期限减免。

3）临时减免。临时减免也称困难减免，是指除法定减免和特定减免以外的其他临时性减税、免税，主要是为了照顾纳税人的某些特殊的、暂时的困难。临时减免通常都是定期减免或一次性减免。

（2）税收减免形式

1）减税。对纳税人的应纳税款通过打一定的折扣、少征一部分税款或降低法定税率而减轻纳税人的一部分负担。

2）免税。对纳税人的某一项或某几项课税对象免予征税。

3）起征点。起征点是计税依据达到国家规定数额开始征税的界限。计税依据的数额未达到起征点的不征税，达到或超过起征点的就其全部数额征税，而不是仅就超过部分征税。

4）免征额。免征额是在计税依据总额中免于征税的数额，是按照一定标准从计税依据总额中预先减去的数额。免征额部分不纳税，只对超过的部分征税。

9. 违章处理

违章处理是对纳税人违反税法行为而采取的处罚措施，包括加收滞纳金、处理罚款、送交人民法院依法处理等。违章处理是税收强制性在税收制度中的体现，纳税人必须按期足额缴纳税款，凡有拖欠税款、逾期不缴税、偷税逃税等违反税法行为的，都应受到制裁（包括司法制裁和行政制裁等）。

第三节 税务管理

一、税务登记

税务登记是指税务机关根据税法规定，对纳税人的生产、经营活动进行登记管理的一项法定制度，也是纳税人依法履行纳税义务的法定手续。

税务登记包括以下几种类型。

1. 开业税务登记

（1）开业税务登记的范围

企业，企业在外地设立的分支机构和从事生产、经营的场所，个体工商户和从事生产、经营的事业单位，都应当办理税务登记（统称从事生产、经营的纳税人）。

（2）开业税务登记的时限要求

1）从事生产、经营的纳税人领取工商营业执照的，自领取之日起30日内申报办理税务登记。

2）从事生产、经营的纳税人未办理工商营业执照，但经有关部门批准设立的，应当自有关部门批准设立之日起30日内申报办理税务登记。

（3）申报办理开业登记应出示的证件和资料

纳税人应根据相关信息填写税务登记表，加盖公章，并出示下列证件和资料（所出示的证件和资料均需原件和复印件，其中原件用于税务机关审核，复印件连同填写好的税务登记表交由税务机关留存）：①营业执照副本，如设立分支机构的需提供总机构的营业执照副本复印件；②工商登记注册书或申请书；③企业章程；④属联营企业的，提供联营合同或协议书；⑤法定代表人或负责人居民身份证；⑥技术监督部门核发的统一代码证书副本；⑦经营场所使用证明，包括《房屋产权登记证》或产权证明文件及房屋租赁合同；⑧银行基本存款账户开户卡；⑨企业公章等。

（注：个体工商户按①、②、⑤、⑦条提供即可；现阶段我国的《房屋产权登记证》和《不动产权证书》同时具有法律效力；办理税务登记所需的资料中，只要在办理工商登记时已经提供过的，则无须再提供。）

2. 变更税务登记

变更税务登记是指纳税人办理设立税务登记后，因登记内容发生变化，需要对原有登记内容进行更改，而向主管税务机关申报办理的税务登记。

（1）因工商登记变更而办理的方式

纳税人已在工商行政管理机关办理变更登记的，应当自工商行政管理机关变更登记之日起 30 日内，向原税务登记机关如实提供下列证件、资料：①工商登记变更表及工商营业执照；②纳税人变更登记内容的有关证明文件；③税务机关发放的原税务登记证件（登记证正、副本和登记表等）；④其他有关资料，申报办理变更税务登记。

（2）因非工商登记变更而办理的方式

纳税人按照规定不需要在工商行政管理机关办理变更登记，或者其他变更登记的内容与工商登记内容无关的，应当自税务登记内容实际发生变化之日起 30 日内，或者自有关机关批准或宣布变更之日起 30 日内，持下列证件：①纳税人变更登记内容的有关证明文件；②税务机关发放的原税务登记证明证件（登记证正、副本和登记表等）；③其他有关资料，到原税务机关申报办理变更税务登记。

3. 注销税务登记

注销税务登记是指纳税人由于出现法定情形终止纳税义务时，向原税务机关申请办理的取消税务登记的手续。办理注销税务登记后的纳税人不再接受原税务机关的管理。

纳税人发生解散、破产、撤销以及其他情形，依法终止纳税义务的，应当在向工商行政管理机关或者其他机关办理注销税务登记前，持有关证件和资料向原税务登记机关申报办理注销税务登记。按规定不需要在工商行政管理机关或者其他机关办理注册登记的，应当自有关机关批准或者宣告终止之日起 15 日内，持有关证件和资料向原税务登记机关申报办理注销税务登记。

纳税人被工商行政管理机关吊销营业执照或者被其他机关予以撤销登记的，应当自营业执照被吊销或者被撤销之日起 15 日内，向原税务登记机关申报办理

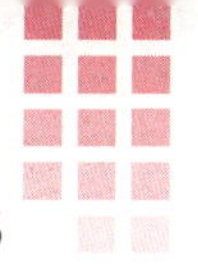

注销税务登记。

4. 停业、复业税务登记

(1)停业税务登记

停业税务登记是指纳税人由于生产、经营等原因，需要暂停生产经营活动的，应在有关部门批准后，到税务管理机关办理停业税务登记。办理停业税务登记的范围主要是实行定期定额征收方式的个体工商户。纳税人需要停业的，应当在停业前向税务机关申报办理停业登记。纳税人的停业期限不得超过一年。纳税人在停业期间发生纳税义务的，应当按规定申报缴纳税款。

(2)复业税务登记

纳税人按核准的停业期限到期复业的，应当在停业到期前向税务机关申请办理复业税务登记，提前复业的，应当在恢复生产经营之前向税务机关申报办理复业税务登记。

5. 外出经营报验登记

纳税人到外县(市)临时从事生产经营活动的，应当在外出从事生产经营活动之前，持税务登记证向主管税务机关申请开具外出经营活动税收管理证明(以下简称外管证)。

税务机关按照“一地一证”的原则，核发外管证，外管证的有效期限一般为 30 日，最长不得超过 180 日。在同一地累计超过 180 日的，应当在营业地办理税务登记手续。

纳税人应当在外管证有效期届满后 10 日内，持外管证回原税务登记地税务机关办理外管证缴销手续。

二、纳税申报

1. 纳税申报基本概念

纳税申报是指纳税人、扣缴义务人在发生法定纳税义务后，按照税务机关相关行政法规所规定的内容，在申报期限内以书面形式向主管税务机关提交有关纳税事项及应缴税款的法律行为。纳税申报是纳税人履行纳税义务、承担法律责任的主要依据，也是税务机关税收管理信息的主要来源和税务管理的一项重要制度。

2. 纳税申报方法

纳税申报方法是指纳税人、扣缴义务人和代扣代缴、代收代缴义务人，在其申报期限内，依照法律、法规的规定，办理纳税申报的方法。目前纳税申报方法主要有以下三种。

（1）直接申报

直接申报是指纳税人或纳税人的税务代理人直接到税务机关进行申报的纳税申报方法。根据申报的地点不同，直接申报又可分为直接到办税服务厅申报、到巡回征收点申报和到代征点申报三种。

（2）邮寄申报

邮寄申报是指纳税人将纳税申报表及有关纳税资料以邮寄的方式送达税务机关的纳税申报方法。具体做法是：纳税人自行或者委托税务代理人核算应纳税额，填写纳税申报表（对于自核自缴的纳税人还应填写缴款书，提交缴纳税款的银行凭证），在法定的申报纳税期内使用国家税务总局和邮政部门联合制定的专用信封将纳税申报表及有关资料送邮政部门交寄或者由投递员上门收寄，以交寄、收寄时间为申报时间；邮政部门将邮寄申报信件以同城邮政特快的方式送交税务机关；税务机关将打印出的完税凭证以挂号邮件的形式寄回纳税人（自核自缴纳税的除外）。

（3）电子申报

电子申报是指纳税人将纳税申报表及其有关资料所列的信息通过计算机网络传送给税务机关的纳税申报方法。电子申报主要有三种方式：计算机申报、专用报税机申报、电话申报。

3. 纳税申报内容

纳税申报内容是指法律、行政法规规定的，或者税务机关根据法律、法规的规定确定的纳税人、扣缴义务人向税务机关申报应纳或者应解缴税款的内容。纳税申报内容主要包括以下三个方面。

（1）纳税申报表和扣缴税款报告表

纳税申报表和扣缴税款报告表是纳税人和扣缴义务人依据税收法律、法规的有关规定，计算应纳税款或者代扣代收税款以及缴纳或扣缴税款的主要凭证，同时，也是税务机关审核计算应征税款或税款缴库、开具完税凭证的重要依据。

（2）财务会计报表及其说明

财务会计报表及其说明是指根据账簿记录以及其他有关资料，按照规定的指标体系和格式编制的报告文件及说明材料，用以反映企业、事业单位或其他经济组织在一定时期内经济活动情况或经营成果的书面文件。

（3）其他纳税资料

其他纳税资料是指纳税人按照税务机关的要求报送的纳税申报表、财务会计报表以外的其他纳税资料。

4. 延期申报

纳税人、扣缴义务人按照规定的期限办理纳税申报或者报送代扣代缴、代收代缴税款报告表确有困难，需要延期的，应当在规定的期限内向税务机关提出书面延期申请，经税务机关核准，在核准的期限内办理。

纳税人、扣缴义务人因不可抗力，不能按期办理纳税申报或者报送代扣代缴、代收代缴税款报告表的，可以延期办理。但是，应当在不可抗力情形消除后立即向税务机关报告。税务机关应当查明事实，予以核准。

经核准延期办理纳税申报、报送事项的，应当在纳税期内按照上期实际缴纳的税额或者税务机关核定的税额预缴税款，并在核准的延期内办理税款结算。结算的时候，预缴税额大于应纳税额的，税务机关退还多缴的税款，但是不支付利息；预缴税额小于应纳税额的，税务机关补征少缴的税款，但是不加收滞纳金。

三、税款征收

税款征收是税务机关依照税收法律、行政法规的规定，将纳税人依法应缴纳的税款组织征收入库的一系列活动的总称。

1. 税款征收方式

科学合理的税款征收方式是确保税款顺利足额征收的前提条件。根据税种的不同性质、特点，征纳双方的具体条件以及税收征管要求，税款的征收方式也有所区别。现阶段的税款征收方式主要有以下八种。

（1）查账征收

查账征收是指纳税人在规定的期限内根据自己的财务报告表或经营成果，向主管税务机关申报应税收入及应纳税额，并报送会计报表和其他有关资料，经税务机关核实后，开出税收缴款书，由纳税人在规定期限内到指定银行缴款纳税，然后，税务机关派员查账，并根据查账结果进行多退少补的一种税款征收方式。这种方式一般适用于财务会计制度较为健全，能够认真履行纳税义务的纳税人。

（2）查定征收

查定征收是指由税务机关通过按期查实纳税人的生产经营状况，核定产量或销售额，并据以计算应纳税额的一种税款征收方式。这种方式一般适用于生产经营规模小，财务会计制度不够健全，账册不够完备，但是能够控制原材料或进销货物的纳税人。

（3）查验征收

查验征收是指税务机关对某些难以进行源泉控制的征税对象，通过查验证照和实物，据以确定应纳税额的一种税款征收方式。在实际征管工作中，这种方式又分为就地查验征收和设立检查站征收两种形式。对财务会计制度不健全和生产经营不固定的纳税人，可选择采用这种征收方式。

（4）定期定额征收

定期定额征收也称为“双定征收”，是指税务机关根据纳税人的生产经营情况，按税法规定直接核定其应纳税额，分期征收税款的一种税款征收方式。采用定期定额征收方式，税务机关对纳税人应纳税额不用公式计算，而是直接给纳税人核定一个营业额，只要纳税人的营业额不超过这个数，就按这个数所生成的税额纳税，每月固定不变。如果超过了，税务机关会给纳税人重新核定营业收入，确定应纳税额。定期定额征收主要适用于一些没有记账能力，无法查实其经营收入和所得额的小型纳税人。

（5）定率征收

定率征收是税款征收的一种方式，是在现行的税收征管工作中，由于纳税人的原因致使税务机关难以按查账征收等常用方式来征收税款而采取的一种被迫和补救措施。定率征收就是当纳税人的成本费用不易核算时，税务机关直接给纳税人定一个比率，纳税人按此比率计征税额。

（6）自核自缴

自核自缴是指纳税人在规定的期限内依照税法的规定自行计算应纳税额，自行填开税款缴纳书，自行到税务机关指定的银行缴纳税款的一种税款征收方式。这种方式只限于税务机关批准的财务会计制度健全、账册齐全准确、依法纳税意识较强的大中型企业。

（7）代扣代缴、代收代缴

代扣代缴是指持有纳税人收入的单位和个人，根据法定义务在支付纳税人收

入的同时，从所持有纳税人收入中扣缴其应纳税款，并代为汇总向税务机关缴纳税款的一种税款征收方式。即由支付人在向纳税人支付款项时，从所支付的款项中依法直接扣收税款并代为缴纳，其目的在于对零星分散、不易控管的税源实行源泉控制，减少税款流失，降低税收成本，手续也比较简单。

代收代缴是指按照税法规定，负责收缴税款的法定义务人，负责对纳税人应纳的税款进行代收代缴的一种税款征收方式。即由与纳税人有经济业务往来的单位和个人在向纳税人收取款项时依法收取税款。这种方式一般适用于税收网络覆盖不到或者很难控管的领域。

知识链接

> **代扣代缴与代收代缴的区别**
>
> 代扣代缴义务人直接持有纳税人的收入，从中直接扣除纳税人的应纳税款。代收代缴义务人在与纳税人的经济往来中收取纳税人的应纳税款并代为缴纳。

（8）委托征收

委托征收是指受托单位按照税务机关核发的代征证书的要求，以税务机关的名义向纳税人征收一些零散税款的一种税款征收方式。例如，契税委托房管局、土管局代征，房管局、土管局就是委托代征单位。这种方式主要适用于一些零星、分散，难以管理的税收。

2. 税款缴纳的基本要求

（1）纳税人、扣缴义务人应当按照法律、行政法规的规定或者税务机关依照法律、行政法规的规定确定的期限缴纳或者解缴税款。未按规定期限缴纳或者解缴税款的，税务机关除责令限期缴纳外，应从滞纳税款之日起，按日加收滞纳税款 5‱ 的滞纳金。

（2）纳税人合并、分立情形的，应当向税务机关报告，并依法缴清税款。纳税人合并时未缴清税款的，应当由合并后的纳税人继续履行未履行的纳税义务；纳税人分立时未缴清税款的，分立后的纳税人对未履行的纳税义务应当承担连带责任。

（3）欠缴税款数额较大的纳税人在处分其不动产或者大额资产之前，应当向税务机关报告。欠缴税款的纳税人因怠于行使到期债权，或者放弃到期债权，或者无偿转让财产，或者以明显不合理的低价转让财产而让人知道该情形对国家税收造成损害的，税务机关可以依照相关法律、法规的规定行使代位权、撤销权。

（4）纳税人与其关联企业之间的业务往来应当按照独立企业之间的业务往来收取或者支付价款、费用；不按照独立企业之间的业务往来收取或者支付价款、费用，而减少其应纳税的收入或者所得额的，税务机关有权进行合理调整。

（5）纳税人不按规定缴纳税款的行为，税务机关可以依法采取税收保全措施和税收强制执行措施。

3. 税收保全措施

税收保全措施是指为确保国家税款不受侵犯而由税务机关采取的行政保护手段。税收保全措施实际上就是税款征收的保全，以保护国家税款及时足额入库，通常是在纳税人法定的缴款期限之前税务机关所作出的行政行为。

税收保全措施具体有以下几种形式：

（1）责令纳税人提前结清应纳税款。

（2）责令纳税人提交纳税保证金。

（3）责令纳税人提供纳税担保。

（4）通知纳税人开户银行暂停支付纳税人在银行的存款。

（5）通知有关支付单位暂停向纳税人支付应付款。

（6）扣押、查封纳税人的有关财产。

（7）限制纳税人的行动或活动范围等。

4. 税收强制执行措施

税收强制执行措施是指税务机关在采取一般税收管理措施无效的情况下，为了维护税法的严肃性和国家征税的权利所采取的税收强制手段。

依据《中华人民共和国税收征收管理法》（以下简称《税收征收管理法》）的相关规定，从事生产、经营的纳税人、扣缴义务人未按照规定的期限缴纳或者解缴的税款，纳税担保人未按照规定的期限缴纳所担保的税款，由税务机关责令限期缴纳，逾期仍未缴纳的，经县以上税务局局长批准，税务机关可以采取下列强制执行措施：

（1）书面通知其开户银行或者其他金融机构从其存款中扣缴税款。

（2）扣缴、查封、依法拍卖或者变卖价值相当于应纳税款的商品、货物或者

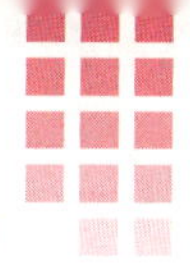

其他财产，以拍卖或者变卖所得抵缴税款。个人及其所扶养家属维持生活所必需的住房和用品，不在强制执行措施的范围内。

5. 税款的退还与追征

（1）税款的退还

税款的退还制度是指纳税人由于某种原因所缴税款超过了应纳税额，由税务机关按照规定予以退还的制度，如出口退税等。

某种原因是指由于计算错误或错用税率等原因形成的多缴税款的情况或者政策上的退税，如规定纳税人先按应纳税额如数缴纳税款，经核实后再进行退库等。

依据《税收征收管理法》的规定，纳税人不论何种原因超过应纳税额多缴纳的税款，税务机关发现后应当立即退还；纳税人自结算缴纳税款之日起 3 年内发现的，可以向税务机关要求退还多缴的税款并加算银行同期存款利息，税务机关及时查实后应立即退还；涉及从国库中退库的，依照法律、行政法规有关国库管理的规定退还。如果纳税人在结清缴纳税款之日起 3 年后才向税务机关提出退还多缴税款要求的，税务机关将不予受理。

（2）税款的追征

因税务机关的责任，致使纳税人、扣缴义务人未缴或者少缴税款的，税务机关在 3 年内可以要求纳税人、扣缴义务人补缴税款，但是不得加收滞纳金。因纳税人、扣缴义务人计算错误等失误，未缴或者少缴税款的，税务机关在 3 年内可以追征税款、滞纳金；上述税款在追缴期限内累计数额在 10 万元以上的，追征期可以延长到 5 年。对偷税、抗税、骗税的，税务机关追征其未缴或者少缴的税款、滞纳金或者所骗取的税款，不受前款规定期限的限制。

6. 税收优先权

税收优先权是指当国家征税权力与其他债权同时存在时，税款的征收应优先于其他债权。《税收征收管理法》明确规定："税务机关征收税款，税收优先于无担保债权，法律另有规定的除外（相对于企业的破产费用、所欠职工工资和劳动保险费等债权而言，则没有优先权）；纳税人欠缴的税款发生在纳税人以其财产设定抵押、质权或者纳税人的财产被留置之前的，税收应当先于抵押权、质权、留置权执行。纳税人欠缴税款，同时又被行政机关决定处以罚款、没收违法所得的，税收优先于罚款、没收违法所得。"

练习题

1. 简述税收的内涵。
2. 简述从量税和从价税的概念。
3. 税制的构成要素包括哪些?
4. 什么是税务登记? 包括哪几种类型?
5. 纳税申报的主要内容是什么?

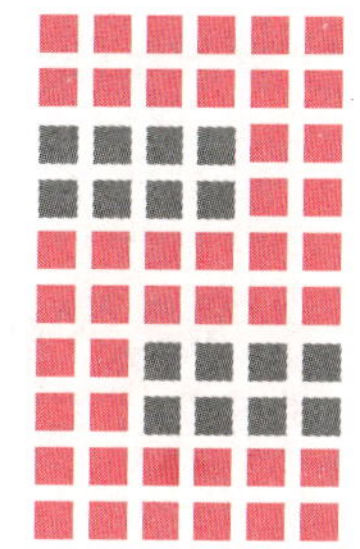

第二章 增值税

学习目标

- 了解增值税的概念
- 掌握增值税的纳税人和纳税范围
- 掌握增值税的税率
- 掌握增值税应纳税额的计算方法
- 了解增值税纳税申报方法

第一节 增值税概述

一、增值税概念

增值税是对在我国境内销售货物或者提供加工、修理修配劳务以及进口货物的单位和个人，就其取得的货物或应税劳务的销售额，以及进口货物的金额计算税款，并实行税款抵扣制的一种流转税。

从计税原理上说，增值税是对商品生产和流通中各环节的新增价值或商品附加值进行征税，因此称为“增值税”。在我国实际工作中，应纳增值税的计算采用间接计算法，即实行税款抵扣制，以纳税人一定时期内商品和劳务的销售额乘以税率计算出全部销项税额，然后再减去同期各项外购项目所含的增值税额，即进项税额，得出增值税一般纳税人当期应纳增值税额。

二、增值税纳税人

增值税纳税人是指税法规定负有缴纳增值税义务的单位和个人。在我国境内销售货物或者提供加工、修理修配劳务和应税服务以及进口货物的单位和个人，为增值税纳税人。

增值税纳税人可以分为小规模纳税人和一般纳税人。

1. 小规模纳税人的认定

小规模纳税人和一般纳税人是相对而言的。应税行为的年销售额在规定标准以下，并且会计核算不健全，不能正确核算增值税的销项税额、进项税额和应纳税额，不能按规定报送有关税务资料的增值税纳税人，为增值税小规模纳税人。

根据《关于统一增值税小规模纳税人标准的通知》（财税〔2018〕33号）规定，自2018年5月1日起，各行各业纳税人作为小规模纳税人的认定标准统一为：年应征增值税销售额500万元及以下。

2. 一般纳税人的认定

应税行为年销售额在规定标准以上，会计核算制度健全，能准确核算增值税

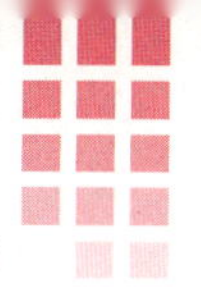

销项税额、进项税额和应纳税额，并能按税务机关要求报送相关资料的纳税人，为增值税一般纳税人。

增值税一般纳税人的认定需由纳税人向税务机关提出申请报告，并提供税务登记证副本、经营场所证明、银行账号证明等国家税务机关规定的有关资料，经税务机关实地查验后办理认定。

纳税人一经正式认定为一般纳税人，不得再转为小规模纳税人。

三、增值税纳税范围

增值税纳税范围包括：销售货物和进口货物，提供加工和修理修配劳务，销售服务，销售无形资产或不动产。

1. 销售货物

销售货物是指有偿转让有形动产，包括电力、热力和气体在内的所有权的业务活动。“有偿”是指从购买方取得货币、货物或其他经济利益。

2. 进口货物

进口货物是指申报进入我国海关境内的货物。确定一项货物是否属于进口货物，必须看其是否办理了报关进口手续。通常，境外产品要输入境内，必须向我国海关申报进口，并办理有关报关手续。只要是报关进口的应税货物，均属于增值税纳税范围，在进口环节缴纳增值税（享受免税政策的货物除外）。

3. 提供加工和修理修配劳务

加工是指受托加工货物，即委托方提供原料及主要材料，受托方按照委托方的要求制造货物并收取加工费的业务；修理修配是指受托对损伤和丧失功能的货物进行修复，使其恢复原状和功能的业务。

4. 销售服务

销售服务是指提供交通运输服务、邮政服务、电信服务、建筑服务、金融服务、现代服务、生活服务。

5. 销售无形资产

销售无形资产是指有偿转让无形资产所有权或者使用权的业务活动。无形资产是指不具备实物形态但能带来经济利益的资产，包括技术、商标、著作权、商誉、自然资源使用权和其他权益性无形资产。

6. 销售不动产

销售不动产是指有偿转让不动产所有权的业务活动。不动产是指不能移动或者移动后会引起性质、形状改变的财产，包括建筑物、构筑物等。

知识链接

纳税范围的特殊行为

1. 视同销售行为

将货物交付其他单位或个人代销；销售代销货物；设有两个以上机构并实行统一核算的纳税人，将货物从一个机构移送其他机构用于销售，但相关机构设在同一县（市）的除外；将自产或委托加工的货物用于非增值税应税项目；将自产或委托加工的货物用于集体福利和个人消费；将自产、委托加工或购买的货物作为投资，提供给其他单位和个体经营户；将自产、委托加工或购买的货物分配给股东或投资者；将自产、委托加工或购买的货物无偿赠送其他单位或者个人等行为均视同为销售行为，计征增值税。

2. 兼营不同税率货物或应税劳务行为

纳税人兼营不同税率的货物或者应税劳务，应当分别核算不同税率货物或者应税劳务的销售额；未分别核算销售额的，从高适用税率。

纳税人兼营销售货物、劳务、服务、无形资产或者不动产，适用不同税率或者征收率的，应当分别核算适用不同税率或者征收率的销售额；未分别核算的，从高适用税率。纳税人兼营免税、减税项目的，应当分别核算免税、减税项目的销售额；未分别核算的，不得免税、减税。

一项销售行为如果既涉及服务又涉及货物，为混合销售。从事货物的生产、批发或者零售的单位和个体工商户的混合销售行为，按照销售货物缴纳增值税；其他单位和个体工商户的混合销售行为，按照销售服务缴纳增值税。

从事货物的生产、批发或者零售的单位和个体工商户，包括以从事货物的生产、批发或者零售为主，并兼营销售服务的单位和个体工商户在内。

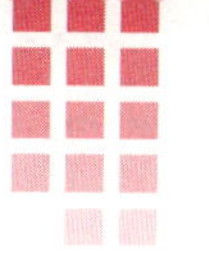

四、增值税税率与征收率

1. 增值税税率

增值税税率是指增值税的适用税率，即法定税率，用于增值税一般计税方法的计算。增值税税率分为基本税率（16%）、低税率（10%、6%）和零税率。

（1）基本税率

增值税一般纳税人销售或进口其他货物，以及提供加工、修理修配劳务，除低税率适用范围和销售个别旧货等适用征收率外，适用的税率均为16%。

（2）低税率

1）10%低税率。包括销售农产品、食用植物油、自来水、暖气、冷气、热水、煤气、石油液化气、天然气、沼气、居民用煤炭制品、图书、报纸、杂志、化肥、农药、农机、农膜、饲料、音像制品、电子出版物、二甲醚、食用盐，以及提供交通运输、邮政、基础电信、建筑、不动产租赁服务（包括融资租赁和经营租赁），销售不动产，转让土地使用权。

2）6%低税率。包括提供电信增值服务、金融服务、销售服务、收派服务、鉴证咨询服务、广播影视服务、商务辅助服务、其他现代服务、生活服务，以及销售无形资产（除土地使用权外）。

（3）零税率

包括纳税人出口货物，境内单位和个人发生的跨境应税行为，以及航天运输服务。

2. 增值税征收率

增值税征收率主要是针对小规模纳税人和一般纳税人适用或者选择采用简易计税方法计税的项目。一般采用按销售收入额或营业收入额乘以征收率的办法计算缴纳增值税。

（1）小规模纳税人征收率

1）小规模纳税人从事货物销售，提供增值税加工、修理修配劳务以及各项应税服务按3%的征收率征收增值税。

2）小规模纳税人销售自己使用过的固定资产按2%的征收率征收增值税，销售自己使用过的固定资产以外的物品按3%的征收率征收增值税。

（2）一般纳税人按照简易办法征收增值税的征收率

1）一般纳税人生产下列货物，按简易办法依照3%的征收率计算缴纳增值税：①县以下小型水力发电单位生产的电力；②建筑用和生产建筑材料所用的砂、土、石料；③以自己采掘的砂、土、石料或其他矿物连续生产的砖、瓦、石灰；④原料中掺有煤矸石、石煤、粉煤灰、烧煤锅炉的炉底渣及其他废渣（不包括高炉水渣）生产的墙体材料；⑤自来水；⑥用微生物、微生物代谢产物、动物毒素、人或动物的血液或组织制成的生物制品。

2）一般纳税人销售货物属于下列情形之一的，按简易办法依照3%的征收率计算缴纳增值税：①寄售商店代销寄售物品（包括居民个人寄售的物品在内）；②典当业销售死当物品；③经国务院或国务院授权机关批准的免税商店零售的免税品。

3）一般纳税人销售自己使用过的未抵扣过进项税额的资产依照3%的征收率减按2%的征收率征收增值税。

五、增值税减免税政策

1. 免征增值税项目

《中华人民共和国增值税暂行条例》（以下简称《增值税暂行条例》）规定以下7个项目免征增值税：

（1）农业生产者销售的自产农业产品。

（2）避孕药品和用具。

（3）古旧图书。

（4）直接用于科学研究、科学试验和教学的进口仪器、设备。

（5）外国政府、国际组织无偿援助的进口物资和设备。

（6）由残疾人的组织直接进口供残疾人专用的物品。

（7）销售的自己使用过的物品。

2. “营改增”试点过渡政策规定的免征增值税项目

（1）托儿所、幼儿园提供的保育和教育服务。

（2）养老机构提供的养老服务。

（3）残疾人福利机构提供的育养服务。

（4）婚姻介绍服务。

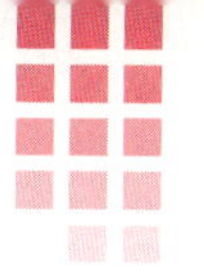

（5）殡葬服务。

（6）残疾人员本人为社会提供的服务。

（7）医疗机构提供的医疗服务。

（8）从事学历教育的学校提供的教育服务。

（9）学生勤工俭学提供的服务。

（10）农业机耕、排灌、病虫害防治、植物保护、农牧保险以及相关技术培训业务，家禽、牲畜、水生动物的配种和疾病防治。

（11）纪念馆、博物馆、文化馆、文物保护单位管理机构、美术馆、展览馆、书画院、图书馆在自己的场所提供文化体育服务取得的第一道门票收入。

（12）寺院、宫观、清真寺和教堂举办文化、宗教活动的门票收入。

（13）行政单位之外的其他单位收取的符合相关规定的政府性基金和行政事业性收费。

（14）个人转让著作权。

（15）个人销售自建自用住房。

（16）国家相关部门规定的时间前，公共租赁住房经营管理单位出租公共租赁住房。

（17）台湾航运公司、航空公司从事海峡两岸海上直航、空中直航业务在大陆取得的运输收入。

（18）纳税人提供的直接或者间接国际货物运输代理服务。

（19）国家助学贷款、国债、地方政府债、人民银行对金融机构的贷款、住房公积金管理中心用住房公积金在指定的委托银行发放的个人住房贷款、外汇管理部门在从事国家外汇储备经营过程中，委托金融机构发放的外汇贷款以及统借统还业务中，企业集团或企业集团中的核心企业以及集团所属财务公司按不高于支付给金融机构的借款利率水平或者支付的债券票面利率水平，向企业集团或者集团内下属单位收取的利息（高出部分全额征收增值税）。

（20）被撤销金融机构以货物、不动产、无形资产、有价证券、票据等财产清偿债务。

（21）保险公司开办的一年期以上人身保险产品取得的保费收入。

（22）符合规定的金融商品转让收入，包括个人从事金融商品转让业务的收入。

（23）金融同业往来利息收入。

（24）符合条件的担保机构从事中小企业信用担保或者再担保业务取得的收

入（不含信用评级、咨询、培训等收入）3 年内免征增值税。

（25）国家商品储备管理单位及其直属企业承担商品储备任务，从中央或者地方财政取得的利息补贴收入和价差补贴收入。

（26）纳税人提供技术转让、技术开发和与之相关的技术咨询、技术服务。

（27）符合条件的合同能源管理服务。

（28）国家相关部门规定的日期前，科普单位的门票收入，以及县级及以上党政部门和科协开展科普活动的门票收入。

（29）政府举办的从事学历教育的高等、中等和初等学校（不含下属单位）举办进修班、培训班取得的全部归该学校所有的收入，但该收入进入该学校下属部门自行开设账户的，不予免征增值税。

（30）政府举办的职业学校设立的主要为在校学生提供实习场所，并由学校出资自办、由学校负责经营管理、经营收入归学校所有的企业，从事“现代服务”（不含融资租赁服务、广告服务和其他现代服务）、“生活服务”（不含文化体育服务、其他生活服务和桑拿、氧吧服务）业务活动取得的收入。

（31）家政服务企业由员工制家政服务员提供家政服务取得的收入。

（32）福利彩票、体育彩票的发行收入。

（33）军队空余房产租赁收入。

（34）为了配合国家住房制度改革，企业、行政事业单位按房改成本价、标准价出售住房取得的收入。

（35）将土地使用权转让给农业生产者用于农业生产。

（36）涉及家庭财产分割的个人无偿转让不动产、土地使用权。

（37）土地所有者出让土地使用权和土地使用者将土地使用权归还给土地所有者。

（38）县级以上地方人民政府或自然资源行政主管部门出让、转让或收回自然资源使用权（不含土地使用权）。

（39）为安置随军家属就业而新开办的企业［随军家属必须占企业总人数的 60%（含）以上］或者从事个体经营的随军家属，提供的应税服务 3 年内免征增值税。

（40）为安置自主择业的军队转业干部就业而新开办的企业，凡安置自主择业的军队转业干部占企业总人数 60%（含）以上的或者从事个体经营的军队转业干部，提供的应税服务 3 年内免征增值税。

3. 跨境应税行为免征增值税

（1）工程项目在境外（施工地点在境外）的建筑服务。

（2）工程项目在境外的工程监理服务。

（3）工程、矿产资源在境外的工程勘察、勘探服务。

（4）会议展览地点在境外的会议展览服务。

（5）存储地点在境外的仓储服务。

（6）标的物在境外使用的有形动产租赁服务。

（7）在境外（影院、剧院、录像厅及其他场所在境外）提供的广播影视节目（作品）的播映服务。

（8）在境外现场提供的文化体育服务、教育医疗服务、旅游服务。

（9）为出口货物提供的邮政服务、收派服务、保险服务。

（10）向境外单位销售的完全在境外消费的电信服务、知识产权服务、物流辅助服务（仓储服务、收派服务除外）、鉴证咨询服务和专业技术服务。

第二节 一般计税方法增值税应纳税额计算

增值税应纳税额的计算方法有两种，即一般计税方法和简易计税方法。一般纳税人销售货物或发生应税行为适用一般计税方法计算应纳税额。

一般计税方法的应纳税额为当期销项税额抵扣当期进项税额后的余额。应纳税额计算公式为：

当期应纳增值税额 = 当期销项税额 − 当期进项税额

应纳增值税的多少主要取决于当期销项税额和当期进项税额两个因素。

一、销项税额的计算

销项税额是指纳税人发生销售货物或应税行为时，按照应税销售额和增值税税率计算并向购买方收取的增值税额。销项税额计算公式为：

销项税额 = 销售额 × 增值税税率

其中，销售额是指纳税人销售货物或者提供应税劳务向购买方（承受应税劳务也视为购买方）收取的全部价款和价外费用。

价外费用包括：价外向购买方收取的手续费、补贴、基金、集资费、返还利润、奖励费、违约金、滞纳金、延期付款利息、赔偿金、代收款项、代垫款项、包装费、包装物租金、储备费、优质费、运输装卸费以及其他各种性质的价外收费。

价外费用不包括：收取的销项税额，受托加工应征消费税的消费品所代收代缴的消费税，代垫运输费用（条件是承运部门的运输费用发票开具给购买方的和纳税人将该项发票转交给购买方的）。

如果这些价外费用是含税的，则还需折算为不含税销售额。不含税销售额计算公式为：

不含税销售额＝含税销售额 ÷（1+ 增值税税率）

销售额以人民币计算。纳税人以人民币以外的货币结算销售额的，应当折合成人民币计算，折合率可选择销售额发生的当天或者当月 1 日的人民币汇率中间价，选定后 1 年内不得变更。

知识链接

特殊行为销项税额的计算

1. 视同销售货物行为

视同销售货物行为是《增值税暂行条例》规定的特殊销售行为。由于视同销售货物行为一般不以资金形式反映出来，因此会出现没有销售额的情况。根据《增值税暂行条例实施细则》的规定，视同销售货物行为无确定销售额的，按下列顺序确定销售额：

（1）按纳税人最近时期同类货物的平均销售价格确定。

（2）按其他纳税人最近时期同类货物的平均销售价格确定。

（3）按组成计税价格确定。

组成计税价格的计算公式为：

组成计税价格＝成本 ×（1+ 成本利润率）

属于应征消费税的货物，其组成计税价格中应加计消费税额，计算公式为：

组成计税价格＝成本 ×（1+ 成本利润率）+ 消费税税额

或 ＝成本 ×（1+ 成本利润率）÷（1– 消费税税率）

2. 采取折扣销售方式

折扣销售是指销售方在销售货物或应税劳务时，因购买方需求量大等原因而给予的价格方面的优惠。

如果销售额和折扣额在同一张发票上分别注明的，可按折扣后的余额作为销售额计算增值税；如果将折扣另外开票，不论其在财务上如何处理，均不得从销售额中减除折扣额。

3. 采取以旧换新销售方式

以旧换新是指纳税人在销售过程中，折价收回同类旧货物，并以折价款部分冲减货物价款的一种销售方式。

根据税法规定，采取以旧换新方式销售货物的，应按新货物的同期销售价格确定销售额，不得扣减旧货的收购价格（金银首饰除外）。

4. 采取以物易物销售方式

以物易物是指购销双方不是以货币结算，而是以同等价款的货物相互结算，实现货物购销的一种方式。

根据税法规定，以物易物双方都应作购销处理，以各自发出货物核算销售额并计算销项税额，以各自收到的货物按规定核算购货额并计算进项税额。应注意，在以物易物活动中，双方应分别开具合法的票据。如收到的货物不能取得相应的增值税专用发票，则不能抵扣进项税额。

5. 采取还本销售方式

还本销售是指销货方将货物出售之后，按约定时间一次或分次退还部分或全部购货款给予购货方的销售方式。

根据税法规定，采取还本销售方式销售货物的，其销售额就是货物的销售价格，不得从销售额中减除还本支出。

6. 为销售货物而出租、出借包装物

纳税人为销售货物而出租、出借包装物收取的押金，单独记账核算的，时间在1年之内，又未过期的，不并入销售额征税；对逾期未收回包装物不再退回的押金，应按所包装物品的适用税率计算销项税额。

应注意，在将包装物押金并入销售额征税时，需要先将该押金换算为不含税价，再并入销售额征税。

7. 旧货、旧固定资产的销售

纳税人销售旧货的，一律按4%的征收率计算税额后再减半征收增值税，不得抵扣进项税额。旧货是指进入二次流通的具有部分使用价值的货物（含旧汽车、旧摩托车和旧游艇），但不包括自己使用过的物品。

二、进项税额的计算

进项税额是指纳税人购进货物、加工修理修配劳务、服务、无形资产或者不动产，支付或者负担的增值税额。也就是说，进项税额是购货方支付给销货方并在增值税专用发票上注明的税额。

进项税额与销项税额相互对应，销售方收取的销项税额就是购买方支付的进项税额。对任何一个一般纳税人而言，由于其在经营活动中，既会销售货物或提供增值税应税劳务，又会购进货物或接受增值税应税劳务。因此，每一个一般纳税人都会收取销项税额和支付进项税额。进项税额的计算和销项税额的计算公式相同，即：

进项税额 = 销售额 × 增值税税率

企业在生产经营过程中购进货物接受劳务、销售产品提供劳务发生税额后，在计算应缴税额时，从销项增值税中应减去的进项增值税额称为进项税额抵扣。增值税计算的核心就是以纳税人收取的销项税额抵扣其支付的进项税额后的余额作为纳税人应缴纳的增值税额。进项税额也和销项税额一样，直接影响到增值税的应纳税额。因此，国家税法对纳税人所发生的进项税额能否抵扣有严格的规定，并非纳税人支付的所有进项税额都可以从销项税额中抵扣。

1. 准予从销项税额中抵扣的进项税额

（1）从销售方取得的增值税专用发票（含货物运输业增值税专用发票、税控机动车销售统一发票）上注明的增值税额。

（2）从海关取得的海关进口增值税专用缴款书上注明的增值税额（纳税人进口货物报关后，境外供货商向国内进口方退还或返还的资金或进口货物向境外实际支付的货款低于进口报关价格的差额，不作进项税额转出处理）。

（3）购进农产品，除取得增值税专用发票或者海关进口增值税专用缴款书外，按照农产品收购发票或者销售发票上注明的农产品买价和按规定缴纳的烟叶

税的10%扣除率计算的进项税额，从当期的销项税额中扣除。计算公式为：

进项税额 = 买价 × 扣除率

上述公式中的买价，包括纳税人购进农产品时在农产品收购发票或者销售发票上注明的价款和按规定缴纳的烟叶税。

（4）接受境外单位或者个人提供的应税服务，从税务机关或者境内代理人取得的解缴税款的中华人民共和国税收缴款凭证（以下简称税收缴款凭证）上注明的增值税额。

（5）对商业企业采取以物易物、以货抵债、以物投资方式交易的，收货单位可凭以物易物、以货抵债、以物投资的书面合同以及与之相符的增值税专用发票和运输费用普通发票确定进项税额，报经税务征收机关批准予以抵扣。

特别值得注意的是，根据《增值税暂行条例》《增值税暂行条例实施细则》和相关文件规定，增值税一般纳税人购进机器、机械、运输工具以及其他与生产、经营有关的设备、工具、器具等固定资产（包括或者混用的固定资产）支付的进项税额准予抵扣，但不动产在建工程不允许抵扣进项税额。

提供旅游服务未选择差额征税的，可以就取得的全部价款和价外费用开具增值税专用发票，其进项税额凭合法扣税凭证扣除。

2. 不得从销项税额中抵扣的进项税额

纳税人取得的增值税扣税凭证不符合法律、行政法规或者国家税务总局有关规定的，其进项税额不得从销项税额中抵扣。

增值税扣税凭证是指增值税专用发票、海关进口增值税专用缴款书、农产品收购发票、农产品销售发票和税收缴款凭证。

纳税人凭税收缴款凭证抵扣进项税额的，应当具备书面合同、付款证明和境外单位的对账单或者发票。资料不全的，其进项税额不得从销项税额中抵扣。

除此以外，下列项目的进项税额即使纳税人取得了合法的增值税专用发票，也不得从销项税额中抵扣：

（1）用于简易计税方法计税项目、免征增值税项目、集体福利或者个人消费的购进货物、加工修理修配劳务、服务、无形资产和不动产。纳税人的交际应酬消费属于个人消费。

（2）非正常损失的购进货物，以及相关的加工修理修配劳务和交通运输服务（包括自然灾害损失、因管理不善造成货物被盗、发生霉烂变质等损失和其他非正常损失）。

（3）非正常损失的在产品、产成品所耗用的购进货物（不包括固定资产）、加工修理修配劳务和交通运输服务。

（4）非正常损失的不动产，以及该不动产所耗用的购进货物、设计服务和建筑服务。

（5）非正常损失的不动产在建工程所耗用的购进货物、设计服务和建筑服务。纳税人新建、改建、扩建、修缮、装饰不动产，均属于不动产在建工程。

（6）购进的旅客运输服务、贷款服务、餐饮服务、居民日常服务和娱乐服务。

［例 2—1］某商场为增值税一般纳税人，增值税适用税率为 16%。2017 年 9 月销售商品，开出增值税专用发票销售额 26 万元，销项税额 4.16 万元；开出普通发票销售额 9.28 万元（含税）。外购商品取得增值税专用发票，价款 15 万元，进项税额 2.4 万元。要求计算该商场本月应纳增值税额。

【例题解析】销售额和销项税额合并定价方法的，按下列公式计算销售额：

销售额 = 含税销售额 ÷（1+ 增值税税率）

销项税额 = 销售额 × 税率

应纳增值税额 = 当期销项税额 – 当期进项税额

（1）销项税额 =4.16+9.28÷（1+16%）×16%=5.44（万元）

（2）进项税额 =2.4（万元）

（3）应纳增值税额 = 当期销项税额 – 当期进项税额

=5.44–2.4=3.04（万元）

［例 2—2］某物资公司为增值税一般纳税人，2017 年 4 月销售农机取得收入 100 万元，销售其他机械取得收入 80 万元。销售收入均开具专用发票且均不含税。当月外购农机货物 50 万元，专用发票注明的税额为 5 万元，已认证抵扣。要求计算该公司当月应纳增值税额。

【例题解析】纳税人兼营不同税率的货物或者应税劳务，应当分别核算不同税率货物或者应税劳务的销售额。该公司销售农机、其他机械属于兼营不同税率的货物，即农机税率为 10%，其他机械税率为 16%。纳税人能准确分开核算销售额，故应分别计算应纳税额。

（1）销项税额 = 销售额 × 税率

=100×10%+80×16%=22.8（万元）

（2）进项税额 =5（万元）

（3）应纳增值税额 = 当期销项税额 – 当期进项税额

=22.8–5=17.8（万元）

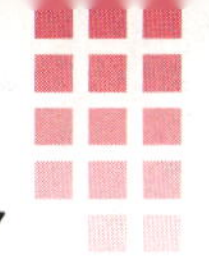

［例 2—3］某制药厂 2018 年 5 月实现销售总额 800 万元，其中销售免税药品和用具 100 万元，其他药品开具专用发票价款 700 万元，税款 112 万元。当月外购货物 300 万元，其进项税额为 48 万元，其中用于生产免税药品和用具的外购货物 80 万元，其进项税额为 12.8 万元。要求计算该厂当月应纳增值税额。

【例题解析】纳税人兼营免税、减税项目的，应当分别核算免税、减税项目的销售额。纳税人销售免税货物不能开具专用发票，其用于免税项目外购货物或应税劳务的进项税额也不得抵扣。该纳税人征、免项目分别核算，仅就应税项目计税，免税项目不计税。

（1）销项税额 = 销售额（不含税）× 税率

=700×16%=112（万元）

（2）进项税额 = 外购货物全部进项税额 – 不能抵扣的进项税额

=48–12.8=35.2（万元）

（3）应纳增值税额 = 当期销项税额 – 当期进项税额

=112–35.2=76.8（万元）

［例 2—4］某家电公司为增值税一般纳税人，2018 年 5 月采取以旧换新方式销售冰箱 800 台，旧冰箱折价为 500 元 / 台，折价款在新冰箱的销售价款中抵扣。假定该冰箱的市价（不含税）为 2 000 元 / 台，家电公司实际收到价款（不含税）为 120 万元。当月外购货物取得专用发票，注明货款 40 万元，增值税款 6.4 万元。要求计算该公司当月应纳增值税额。

【例题解析】纳税人采取以旧换新方式销售货物的应按新货物的同期销售价格确定销售额计税。该公司收回的旧冰箱折价款在计税时不能从销售额中扣除。

（1）销项税额 = 销售额（不含税）× 税率

=800×0.2×16%=25.6（万元）

（2）进项税额 =6.4（万元）

（3）应纳增值税额 = 当期销项税额 – 当期进项税额

=25.6–6.4=19.2（万元）

［例 2—5］某百货批发公司为一般纳税人，2017 年 9 月销售给某商场一批货物，取得收入 100 万元（不含税）；另外开具红字发票给购货方折扣 5 万元，实收货款 95 万元。当月外购货物 20 万元，专用发票注明增值税额 3.2 万元。要求计算该批发公司当月应纳增值税额。

【例题解析】纳税人采取折扣与折让方式销售货物，如果销售额与折扣额在同一张发票上分别注明的，可按折扣后的销售额计征增值税；如果将折扣额另开发票，无论纳税人财务上如何处理，均不得从销售额中扣减折扣额计算增值税。该批发公司发生的折扣额 5 万元没有在同一张发票上注明，所以计税时不能扣减。

（1）销项税额 = 销售额（不含税）× 税率

=100×16%=16（万元）

（2）进项税额 =3.2（万元）

（3）应纳增值税额 = 当期销项税额 – 当期进项税额

=16–3.2=12.8（万元）

假设该公司给购货方的折扣注明在销货发票中，没另开具红字发票，实收货款仍为 95 万元，按照税法规定，计税销售额中可以扣除 5 万元的折扣部分，则该公司当月应纳增值税额为：

（1）销项税额 = 销售额（不含税）× 税率

=（100–5）×16%=15.2（万元）

（2）进项税额 =3.2（万元）

（3）应纳增值税额 = 当期销项税额 – 当期进项税额

=15.2–3.2=12（万元）

［例 2—6］某供销商厦为增值税一般纳税人，2018 年 6 月批发销售南通牌空调 2 000 台，每台批发价 0.4 万元（不含税）；另外，采用还本销售方式销售同一牌号空调 1 000 台，每台收取价款 0.58 万元（不含税），并约定 5 年后退还给购买者 60% 的价款。当月外购货物 400 万元（取得专用发票）。要求计算该供销商厦当月应纳增值税额。

【例题解析】纳税人采取还本销售方式销售货物的，不得从销售额中减除还本支出。

（1）销项税额 = 销售额（不含税）× 税率

=（2 000×0.4+1 000×0.58）×16%=220.8（万元）

（2）进项税额 = 买价 × 适用税率

=400×16%=64（万元）

（3）应纳增值税额 = 当期销项税额 – 当期进项税额

=220.8–64=156.8（万元）

［例 2—7］某机床厂为一般纳税人，2017 年 8 月以 3 台机床抵回所需原材料一批，每台机床售价 10 万元（不含税），假定换取的原材料取得专用发票，注明进项税额 3.9 万元。要求计算该厂当月应纳增值税额。

【例题解析】以物易物应作购销处理，计算应纳增值税额。

（1）销项税额 = 销售额（不含税）× 税率

=10×3×16%=4.8（万元）

（2）进项税额 =3.9（万元）

（3）应纳增值税额 = 当期销项税额 – 当期进项税额

=4.8–3.9=0.9（万元）

［例 2—8］某工厂为增值税一般纳税人，2017 年 11 月销售产品，开具增值税专用发票价款 12 万元，销项税额 1.92 万元；销售给小规模纳税人产品，开具普通发票销售额 4.64 万元（含税）；将一批成本 10 万元（计税价格 11 万元）的产品对外投资。当月购入材料并取得增值税专用发票注明价款 6 万元，税额 0.96 万元；购进农业产品 2.8 万元；当月支付水费并取得增值税专用发票注明价款 3.5 万元，税款 0.385 万元；购进设备一台，价款 5.5 万元，增值税专用发票注明税额 0.88 万元。要求计算该厂当月应纳增值税额。

【例题解析】对外投资的产品按计税价格视同销售计征增值税；购进农业产品可按照经税务部门批准使用的免税农产品收购凭证单上收购价 10% 的扣除率计算进项税额，即 0.28 万元（2.8×10%）；对外投资的产品按计税价计算销项税额 1.76 万元（11×16%）；销售给小规模纳税人开具的普通发票换算为不含税销售额计算销项税额，即 4.64÷（1+16%）×16%=0.64（万元）。

（1）销项税额 =1.92+0.64+1.76=4.32（万元）

（2）进项税额 =0.96+0.28+0.385+0.88=2.505（万元）

（3）应纳增值税额 = 当期销项税额 – 当期进项税额

=4.32–2.505=1.815（万元）

第三节 简易计税方法增值税应纳税额计算

简易计税方法是指按照销售额和增值税征收率计算缴纳增值税，且不得抵扣进项税额。

小型微利企业、个体工商户和其他个人的小规模纳税人，月销售额在 10 万元以下免征增值税，按季度纳税。

一、小规模纳税人应纳增值税的计算

小规模纳税人销售货物或提供应税劳务，不实行按销项税额抵扣进项税额计算应纳增值税的税款抵扣制度，而实行按销售额和增值税征收率计算应纳增值税额，不得抵扣进项税额。应纳税额计算公式如下：

应纳增值税额 = 销售额 × 增值税征收率

公式中的销售额作为计税依据，其内容与一般纳税人的销售额一样，都是销售货物或提供应税劳务向购买方收取的全部价款和价外费用，但不包括按增值税征收率收取的增值税额。

小规模纳税人销售货物或提供劳务一般采用销售额和应纳税额合并定价办法，其销售额采用下列公式确定：

销售额 = 含税销售额 ÷（1+ 增值税征收率）× 增值税征收率

公式中增值税征收率统一规定为 3%，小规模纳税人无论是销售税率为 16%的货物还是销售税率为 10%的货物，均应按 3%征收增值税。

小规模纳税人销售自己使用过的固定资产、物品或旧货依照 3% 征收率减按 2% 征收增值税。“销售自己使用过的物品”是指公司自己购进、使用后再出售；“销售旧货”是指经营旧货的公司销售别人使用过的旧货，即：

应纳增值税额 = 含税销售额 ÷（1+3%）×2%

［例 2—9］某商店为小规模纳税人，2017 年 10 月购进商品 6 万元，销售商品 5.15 万元（含税）。要求计算该商店本月应纳增值税额。

【例题解析】小规模纳税人销售货物或提供应税劳务，不实行按销项税额抵扣进项税额计算应纳增值税的税款抵扣制度，而实行按销售额和增值税征收率计算应纳增值税额，不得抵扣进项税额。

应纳增值税额 = 含税销售额 ÷（1+ 增值税征收率）× 增值税征收率

=5.15÷（1+3%）×3%=0.15（万元）

［例 2—10］某运输公司是小规模纳税人，2017 年 9 月取得全部国内客运收入 38.81 万元，支付联运企业运费 21 万元并取得交通运输业专用发票；销售货物 8 万元，送货运费 2 万元。要求计算该运输公司当月应纳增值税额。

【例题解析】小规模纳税人提供交通运输业服务和国际货物运输代理服务，按照国家有关营业税政策规定差额征收营业税的，其支付给其他纳税人的价款，也允许从其取得的全部价款和价外费用中扣除。增值税小规模纳税人应税货物和应税劳务征收率均为 3%。

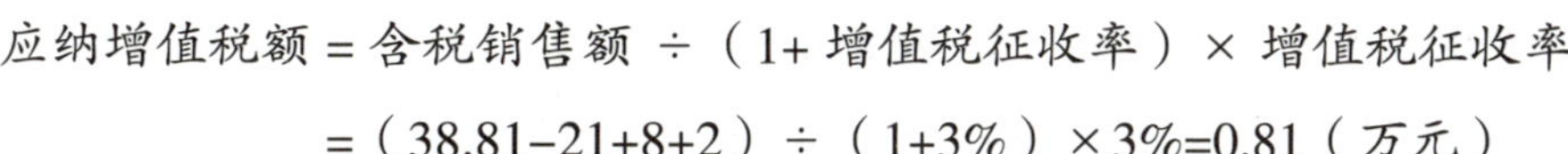

应纳增值税额 = 含税销售额 ÷（1+ 增值税征收率）× 增值税征收率

=（38.81–21+8+2）÷（1+3%）×3%=0.81（万元）

［例 2—11］某餐饮企业 2017 年销售额为 463.5 万元。要求计算该企业应纳增值税额。

【例题解析】由于该餐饮企业年销售额小于 500 万元，因此可以选择小规模纳税人计税。

应纳增值税额 = 含税销售额 ÷（1+ 增值税征收率）× 增值税征收率

=463.5÷（1+3%）×3%=13.5（万元）

［例 2—12］某县幼儿园为增值税小规模纳税人，2017 年 9 月取得某学年第一学期收入为：收费标准范围内的教育费、保育费 170 万元；课外特色班、兴趣班费用 16.05 万元；幼儿入园赞助费 20 万元；购买特色班、兴趣班专用教具并取得增值税发票，注明税款 0.2 万元。要求计算 9 月该幼儿园应纳增值税额。

【例题解析】托儿所、幼儿园提供符合收费标准的教育费、保育费免征增值税，超过规定收费标准的收费，以开办实验班、特色班和兴趣班等为由另外收取的费用以及与幼儿入园挂钩的赞助费、支教费等超过规定范围的收入，不属于免征增值税的收入。小规模纳税人采用简易计税方法计算应纳增值税额，征收率 3%，其进项税额不能抵扣。

应纳增值税额 = 含税销售额 ÷（1+ 增值税征收率）× 增值税征收率

=（16.05+20）÷（1+3%）×3%=1.05（万元）

［例 2—13］某市博物馆为增值税小规模纳税人。2017 年 10 月举办秋季中国当代书画作品展览取得收入为：书画展第一道门票收入 36 万元，书画展纪念品收入 7 万元，书画展讲座收入 2.27 万元。要求计算 10 月该博物馆应纳增值税额。

【例题解析】博物馆、文化馆、文物保护单位管理机构、美术馆、展览馆、书画院、图书馆在自己的场所提供文化体育服务取得的第一道门票收入免税。

应纳增值税额 = 含税销售额 ÷（1+ 增值税征收率）× 增值税征收率

=（7+2.27）÷（1+3%）×3%=0.27（万元）

［例 2—14］某广告公司为小规模纳税人，2018 年 2 月参加一大型公司征集图标活动，入围作品设计费 12.36 万元，最佳作品著作权转让费 38 万元。要求计算该广告公司当月应纳增值税额。

【例题解析】转让著作权免征增值税。设计服务属于现代服务，为增值税纳税范围。该公司为小规模纳税人，增值税征收率为3%。

应纳增值税额＝含税销售额 ÷（1+ 增值税征收率）× 增值税征收率

＝12.36÷（1+3%）×3%=0.36（万元）

［例2—15］某企业为增值税小规模纳税人，2017年12月出售本企业已使用2年的小汽车，出售收入为20.6万元。要求计算该企业出售小轿车的应纳增值税额。

【例题解析】小规模纳税人销售自己使用过的固定资产、物品或旧货依照3%征收率减按2%征收增值税。

应纳增值税额＝含税销售额 ÷（1+ 增值税征收率）×2%

＝20.6÷（1+3%）×2%=0.4（万元）

二、一般纳税人简易征税的计算

1. 一般纳税人销售自己使用过的不得抵扣且未抵扣进项税额的固定资产（有形动产类）以及一般纳税人销售旧货，依照3%征收率减按2%征收增值税。

应纳增值税额＝含税售价 ÷（1+3%）×2%

2. 一般纳税人销售寄售商店代销寄售物品（包括居民个人寄售的物品），典当业销售死当物品，暂按简易办法依照3%征收率计算应纳增值税额。

应纳增值税额＝含税售价 ÷（1+3%）×3%

3. 一般纳税人销售自产的相关税法规定的货物，可选择按照简易办法依照3%征收率计算应纳增值税额。

应纳增值税额＝含税售价 ÷（1+3%）×3%

［例2—16］某广告公司为增值税一般纳税人，2015年2月销售自己2008年1月购入并作为固定资产使用的设备，购入当月取得增值税专用发票，注明价款18万元，增值税3.06万元，2015年2月出售时开具普通发票，注明金额12.36万元。要求计算该公司当月应纳增值税额。

【例题解析】一般纳税人在2009年1月1日之前购进固定资产时，进项税额不得抵扣。该企业销售的设备为2008年1月购入的，购进时进项税额未抵扣。一般纳税人销售自己使用过的不得抵扣且未抵扣进项税额的固定资产（有形动产类）以及一般纳税人销售旧货，依照3%征收率减按2%征收增值税。

应纳增值税额＝含税售价 ÷（1+3%）×2%

＝12.36÷（1+3%）×2%=0.24（万元）

第四节　进出口货物增值税应纳税额计算

一、进口货物增值税的计算

对进口货物征税是大多数主权国家的惯例。在进口环节征收增值税体现了进口产品与国内产品同等纳税的原则，有利于公平税负，促进本国民族工业的发展。

税法规定，申报进入我国海关境内的货物均应缴纳增值税。

纳税人进口货物，按照组成计税价格和相应的税率或征收率计算应纳增值税额，不得抵扣任何税额。组成计税价格和应纳增值税额的计算公式如下：

组成计税价格 = 关税完税价格 + 关税 + 消费税

应纳增值税额 = 组成计税价格 × 增值税税率

［例 2—17］某模具厂进口美国钢材 1 000 吨，货物已报关入境，关税完税价格为 530 美元 / 吨，关税税率为 9%。钢材已验收入库，付款日的美元与人民币汇率为 8.4。要求计算该厂此业务应纳增值税额。

【例题解析】纳税人进口货物，按照组成计税价格和规定的税率计算应纳增值税额。销售额以人民币计算。纳税人以人民币以外的货币结算销售额的，应当折合成人民币计算。组成计税价格和应纳税额计算公式：

组成计税价格 = 关税完税价格 + 关税 + 消费税

应纳增值税额 = 组成计税价格 × 增值税税率

关税完税价格 =1 000×530=530 000（美元）

关税 = 关税完税价格 × 关税税率

=530 000×9%=47 700（美元）

组成计税价格 = 关税完税价格 + 关税

=（530 000+47 700）×8.4=4 852 680（元）

应纳增值税额 = 组成计税价格 × 增值税税率

=4 852 680×16%=776 428.8（元）

二、出口货物退（免）增值税的规定与计算

出口退税是指有出口经营权的企业自营出口或代理出口的货物（除另有规定者外），可在货物报关出口并在财务上作销售后，凭有关凭证按月报请税务机关批准退还或免征增值税或消费税。企业出口货物以不含税价格参与国际市场竞争是国际贸易中的一种税收惯例。为了鼓励出口，我国实行出口货物税率为零的优惠政策。

1. 出口退税的规定

准予出口退税的出口货物，除另有规定者外，必须同时具备以下条件：

（1）必须是属于增值税、消费税征收范围的货物。未征收增值税、消费税，包括国家规定的免税货物，不能退（免）税。

（2）必须是报关离境的货物。凡在国内销售不报关离境的货物（除另有规定者外），不论出口企业是以外汇还是人民币结算，也不论出口企业财务上如何核算，均不能视为出口货物予以退（免）税。

（3）必须在财务上作销售处理的货物方可视为出口货物，只有在财务上作“自营出口销售”或“代理出口销售”后才能办理退税。对于非贸易性货物，如捐赠等不属于退税范围。

（4）必须是出口收汇并已核销的货物，凡是没有收汇的货物不得申请办理出口退税。

2. 出口货物退（免）增值税的计算

有关出口货物退（免）增值税的具体计算分专业外贸公司出口货物和有出口经营权的生产企业出口货物两种情况。

（1）专业外贸公司出口货物应退增值税的计算

专业外贸出口企业单独设立库存账和销售账核算出口货物，依据购进出口货物增值税专用发票上所注明的进货金额和退税率计算应退税额。计算公式如下：

应退税额 = 出口货物的购进金额 × 退税率

= 出口货物的进项税额 − 出口货物不予退税的税额

出口货物不予退税的税额 = 出口货物的购进金额 ×（增值税适用税率 − 适用退税率）

出口货物的购进金额 = 出口货物的数量 × 出口货物购进单价或加权购进单价

［例 2—18］某外贸企业对出口货物单独核算。2018 年第二季度该企业已经直接出口且财务上已经列作自营出口的属于增值税纳税范围的货物有关资料见表 2—1。要求计算该企业应退增值税额。

表 2—1　　　　货物有关资料

商品品名	购进成本（万元）	增值税税率（%）	进项税额（万元）	退税率（%）	出口离岸价（万元）
甲	200	16	32	15	332
乙	250	10	25	10	378
丙	300	16	48	13	417.5
合计	750		105		1 127.5

【例题解析】

甲商品应退增值税额 = 甲商品出口货物的购进金额 × 退税率

=200×15%=30（万元）

或 = 甲商品出口货物的进项税额 – 出口货物不予退税的税额

=32–200×（16–15）%=30（万元）

乙商品应退增值税额 = 乙商品出口货物的购进金额 × 退税率

=250×10%=25（万元）

或 = 乙商品出口货物的进项税额 – 出口货物不予退税的税额

=25–250×（10–10）%=25（万元）

丙商品应退增值税额 = 丙商品出口货物的购进金额 × 退税率

=300×13%=39（万元）

或 = 丙商品出口货物的进项税额 – 出口货物不予退税的税额

=48–300（16–13）%=39（万元）

合计应退增值税额 = 甲商品应退增值税额 + 乙商品应退增值税额 + 丙商品应退增值税额

=30+25+39=94（万元）

（2）有出口经营权的生产企业出口货物应退增值税的计算

有出口经营权的生产企业自营出口或委托代理出口的自产货物，实行“免、抵、退”税办法。

“免”税是指对生产企业自营出口或委托外贸企业代理出口的自产货物，免征本企业生产销售环节增值税。

“抵”税是指生产企业自营出口或委托外贸企业代理出口的自产货物应予免

征或退还的所耗用原材料、零部件等已纳税款抵顶内销货物的应纳税款。

“退”税是指生产企业自营出口或委托外贸企业代理出口的自产货物占本企业当期全部货物销售额50%及以上的，在一个季度内，因应抵扣的税额大于应纳税额而未抵顶完时，经主管出口退税的税务机关批准，对未抵扣完的税额部分予以退税。当生产企业自营出口或委托外贸企业代理出口的自产货物占本企业当期全部货物销售额不足50%时，未抵扣完的进项税额，不予退税而结转下期继续抵扣。计算公式如下：

当期不予抵扣或退税的税额＝当期出口货物离岸价 × 外汇人民币牌价 ×（增值税法定税率－出口货物退税率）

当期应纳增值税额＝当期内销货物的销项税额－（当期全部进项税额－当期不予抵扣或退税的税额）－上期未抵扣完的进项税额

当期应纳税额是正数，为当期应交而未交的税额。若当期应纳税额为负数，且出口货物销售额占当期全部货物销售额50%及以上的企业，应按税法的有关规定计算应退税额。

知识链接

出口企业兼营内销和出口货物退税规定

出口企业兼营内销和出口货物，其出口货物不能单独设账的，应先对内销货物计算销项税额并扣除当期进项税额后，再按下列公式计算出口货物的应退税额：

1. 当应纳税额为负数且绝对值大于或等于本期出口离岸价乘以外汇牌价再乘以退税率时，应退税额计算公式为：

应退增值税额＝本期出口货物的离岸价 × 外汇牌价 × 退税率

2. 当应纳税额为负数且绝对值小于本期出口离岸价乘以外汇牌价再乘以退税率时，应退税额计算公式为：

应退增值税额＝应纳税税额的绝对值

3. 结转下期抵扣的进项税额的计算公式为：

结转下期抵扣的进项税额＝本期未抵扣完的进项税额－应退税额

［例2—19］甲厂具有进出口经营权，产品既内销又外销，出口货物未单独设账核算。2017年发生下列业务，见表2—2。

表 2—2　　业务资料　　单位：万元

内　　容	第一季度	第二季度	第三季度	第四季度
购进原材料（人民币进价）	660	700	480	850
已报关离境出口产品离岸价（美元）	60	40	80	70
内销产品销售额（人民币）	550	500	200	180
当日汇率	8.4	8.2	8.45	8.3

假设该企业货物购销适用 16% 增值税率，退税率 13%。要求计算该厂各季度应退增值税额。

【例题解析】根据增值税出口退税的相关公式计算如下：

第一季度：

进项税额 =660×16%=105.6（万元）

不予抵扣的税额 =60×8.4×（16–13）%=15.12（万元）

内销产品的销项税额 =550×16%=88（万元）

当期应纳（退）税额 =550×16%–（105.6–15.12）=–2.48（万元）

第二季度：

进项税额 =700×16%=112（万元）

不予抵扣的税额 =40×8.2×（16–13）%=9.84（万元）

内销产品的销项税额 =500×16%=80（万元）

当期应纳（退）税额 =500×16%–（112–9.84）=–22.16（万元）

因为出口占全部销售额比例 =（40×8.2）÷（40×8.2+500）=39.61% ＜ 50%，所以不予退税，留下期继续抵扣。

第三季度：

进项税额 =480×16%=76.8（万元）

不予抵扣的税额 =80×8.45×（16–13）%=20.28（万元）

内销产品的销项税额 =200×16%=32（万元）

当期应纳（退）税额 =200×16%–（76.8–20.28）=–24.52（万元）

因为出口占全部销售额比例 =（80×8.45）÷（80×8.45+200）=77.17% ＞ 50%，|–24.52| ＜ 80×8.45×13%，所以：

本期应退税额 =24.52（万元）

第四季度：

进项税额 =850×16%=136（万元）

不予抵扣的税额 =70×8.3×（16–13）%=17.43（万元）

内销产品的销项税额 =180×16%=28.8（万元）

当期应纳（退）税额 =180×16%–（136–17.43）=–89.77（万元）

因为出口占全部销售额比例 =（70×8.3）÷（70×8.3+180）=76.35% > 50%，但|–89.77|> 70×8.3×13%，所以：

本期应退税额 =70×8.3×13%=75.53（万元）

留下期继续抵扣 =89.77–75.53=14.24（万元）

第五节　营业税改征增值税企业应纳增值税计算

营业税改增值税（简称营改增）是指以前缴纳营业税的应税项目改成缴纳增值税。2016 年 3 月 18 日召开的国务院常务会议决定，自 2016 年 5 月 1 日起，中国将全面推开营改增试点，至此，营业税退出历史舞台。

营改增主要涉及的范围是交通运输服务（陆路运输服务、水路运输服务、航空运输服务、管道运输服务）、建筑服务、邮政服务、电信服务、房地产服务、金融服务、生活服务（文化体育服务、教育医疗服务、旅游娱乐服务、餐饮住宿服务、居民日常服务、其他生活服务）以及现代服务（研发和技术服务、信息技术服务、文化创意服务、物流辅助服务、有形动产租赁服务、鉴证咨询服务）、销售无形资产和销售不动产。

一、建筑服务应纳增值税的计算

建筑服务是指各类建筑物、构筑物及其附属设施的建造、修缮、装饰，线路、管道、设备等的安装以及其他工程作业的业务活动，包括工程服务、安装服务、修缮服务、装饰服务和其他建筑服务。纳税人提供建筑服务税率为 10%，征收率为 3%。

建筑企业增值税计税方法包括一般计税方法和简易计税方法。一般纳税人发生应税行为适用一般计税方法，小规模纳税人发生应税行为适用简易计税方法。一般纳税人发生以清包方式提供的建筑服务（清包方式提供建筑服务是指施工方不采购建筑工程所需的材料或只采购辅助材料，并收取人工费、管理费或者其他费用的建筑服务）、为甲供工程提供的建筑服务（甲供工程是指全部或部分设备、材料、动力由发包方自行采购的建筑工程）等应税行为，可以选择适用简易计税方法计税，但一经选择，36 个月内不得变更。

［例 2—20］A 建筑公司为增值税一般纳税人，2017 年 5 月 1 日承接一工程项目，5 月 30 日发包方按进度支付工程价款 715 万元，该项目当月发生工程成本为 350 万元，其中购买材料、动力、机械等取得增值税专用发票上注明的金额为 150 万元，税款 24 万元。对该工程项目 A 建筑公司选择适用一般计税方法计算应纳增值税额。要求计算该公司 5 月应纳增值税额。

【例题解析】A 公司为增值税一般纳税人，该工程项目选择适用一般计税方法计算应纳税额，税率为 10%。

一般计税方法下的应纳税额 = 当期销项税额 – 当期进项税额

（1）销项税额 =715÷（1+10%）×10%=65（万元）

（2）进项税额 =150×16%=24（万元）

（3）应纳增值税额 =65–24=41（万元）

二、房地产企业应纳增值税的计算

房地产企业是指从事房地产开发、经营、管理和服务活动，并以营利为目的进行自主经营、独立核算的经济组织。在中华人民共和国境内销售自行开发的房地产项目的企业为增值税纳税人，分为一般纳税人与小规模纳税人两大类。纳税人年应征增值税销售额超过 500 万元（含本数）的为一般纳税人，未超过规定标准的纳税人为小规模纳税人。

征税范围：房地产企业销售自行开发的房地产项目属于销售不动产税目；出租自行开发的房地产项目（包括商铺、写字楼、公寓等），属于租赁服务税目中的不动产经营租赁服务和不动产融资租赁服务（不含不动产售后回租融资租赁）。

不征收增值税项目：房地产主管部门或者其指定机构代收的住宅专项维修资金；在资产重组过程中，通过合并、分立、出售、置换等方式，将全部或者部分实物资产以及与其相关联的债权、负债和劳动力一并转让给其他单位和个人，其中涉及的不动产、土地使用权转让行为。

税率和征收率：销售自行开发的房地产项目、出租不动产适用的税率均为 10%；小规模纳税人销售自行开发的房地产项目、出租不动产，以及一般纳税人提供的可选择简易计税方法的销售房地产项目、出租不动产业务，征收率为

5%。一般纳税人适用增值税税率，其进项税额可以抵扣，而小规模纳税人适用增值税征收率，其进项税额不可以抵扣。

房地产开发企业中的一般纳税人销售其开发的房地产项目以取得的全部价款和价外费用，扣除受让土地时向政府部门支付的土地价款后的余额为销售额。采取预收款方式销售所开发的房地产项目，在收到预收款时按照 3% 的预征率预缴增值税。

［例 2—21］某市区的甲房地产开发公司（以下简称甲公司）为增值税一般纳税人，销售自行开发的房地产项目，2017 年 7 月发生如下经营业务：

业务一：甲公司将一套自行开发的房屋无偿赠送给 A 公司，这套房屋成本价为 135 万元，按照甲公司最近时期销售同类不动产的平均价格确定价值为 165 万元（包括销项税额）。

业务二：采用直接现款交易方式销售已办理入住的销售房款 96 400 万元，已开具增值税专用发票。销售建筑面积为 63 000 平方米；该项目可供销售建筑面积为 90 000 平方米，该项目取得土地并支付土地出让金 45 000 万元，已取得符合规定的土地出让金有效凭证。

业务三：采取预收款方式销售房屋，收到预收账款 5 500 万元。

业务四：甲公司购买一台机械设备，增值税专用发票注明的价款为 600 万元，税额为 96 万元。

业务五：甲公司当年 7 月购入一处不动产，增值税专用发票注明的价款为 3 000 万元，增值税额为 300 万元。

业务六：甲公司支付房地产开发项目设计费 689 万元，增值税专用发票注明的价款为 650 万元，增值税额为 39 万元。

业务七：甲公司以包工包料方式承接一工程项目，工程结算价款为 8 800 万元，取得增值税专用发票注明的价款为 8 000 万元，增值税税额为 800 万元。

要求计算甲公司 2017 年 7 月应纳增值税额。

【例题解析】

（1）根据《营业税改征增值税试点实施办法》规定，对上述各业务依次进行分析确认。

业务一：单位向其他单位无偿转让不动产视同销售。提供销售不动产税率为 10%。

1）销售额 = 含税销售额 ÷（1+ 税率）

=165 ÷（1+10%）=150（万元）

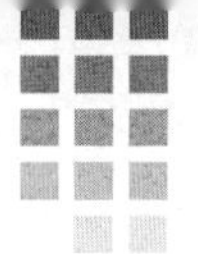

2）销项税额 = 销售额 × 税率

=150×10%=15（万元）

业务二：房地产开发企业中的一般纳税人销售自行开发的房地产项目，适用一般计税方法计税，按照取得的全部价款和价外费用，扣除当期销售房地产项目对应的土地价款后的余额计算销售额。根据国家税务总局相关规定，当期允许扣除的土地价款计算公式为：

当期允许扣除的土地价款 =（当期销售房地产项目建筑面积 ÷ 房地产项目可供销售建筑面积）× 支付的土地价款

1）销售额 =（全部价款和价外费用 – 当期允许扣除的土地价款）÷（1+10%）

=（96 400–45 000×63 000÷90 000）÷（1+10%）

= 59 000（万元）

2）销项税额 = 销售额 × 税率

=59 000×10%=5 900（万元）

业务三：一般纳税人采取预收款方式销售自行开发的房地产项目，应在收到预收款时按照 3% 的预征率预缴增值税。预缴税款计算公式为：

预缴税款 = 预收款 ÷（1+ 适用税率）×3%

=5 500÷（1+10%）×3%=150（万元）

业务四：进项税额 =96（万元）

业务五：增值税一般纳税人 2016 年 5 月 1 日后取得并在会计制度上按固定资产核算的不动产，其进项税额应按照有关规定分 2 年从销项税额中抵扣，第一年抵扣比例为 60%，第二年抵扣比例为 40%。取得的不动产包括以直接购买形式取得的不动产。

1）进项税额 =300（万元）

2）当年 7 月准予抵扣部分进项税额 =300×60%=180（万元）

3）待抵扣进项税额 =300×40%=120（万元）

业务六：进项税额 =39（万元）

业务七：进项税额 =800（万元）

（2）计算该公司当年应纳增值税：

1）销项税额 =15+5 900=5 915（万元）

2）进项税额 =96+180+39+800=1 115（万元）

3）应纳增值税额 = 销项税额 – 进项税额 – 已预缴税款

=5 915–1 115–150=4 650（万元）

三、交通运输服务应纳增值税的计算

交通运输业是指国民经济中专门从事运送货物和旅客的社会生产部门，包括铁路、公路、水运、航空、管道等运输部门。交通运输服务是指利用运输工具将货物或者旅客送达目的地，使其空间位置得到转移的业务活动，包括陆路运输服务、水路运输服务、航空运输服务和管道运输服务。

在中华人民共和国境内提供交通运输服务的单位和个人，在经营活动中有偿提供交通运输服务，应当缴纳增值税。单位以承包、承租、挂靠方式经营的，承包人以发包人名义对外经营并由发包人承担相关法律责任的，以该发包人为纳税人。否则，以承包人为纳税人。纳税人可分为一般纳税人和小规模纳税人。连续 12 个月收入达到 500 万元以上的交通运输企业，应办理一般纳税人认定手续，否则其收入按增值税适用税率 10% 征税，并且不得抵扣增值税进项税额。

一般纳税人取得增值税专用发票上注明的增值税额准予抵扣。

进项税额不得从销项税额中抵扣的项目有：用于适用简易计税方法计税项目、非增值税应税项目、免征增值税项目、集体福利或者个人消费的购进货物、接受加工修理修配劳务或者应税服务，其中涉及的固定资产、专利技术、非专利技术、商誉、商标、著作权、有形动产租赁；非正常损失的购进货物及相关的加工修理修配劳务和交通运输业服务；非正常损失的在产品、产成品所耗用的购进货物（不包括固定资产）、加工修理修配劳务或者交通运输业服务；接受的旅客运输服务；自用的应征消费税的摩托车、汽车、游艇（作为提供交通运输业服务的运输工具和租赁服务标的物的除外）。

［例 2—22］某交通运输公司为增值税一般纳税人，2018 年 3 月发生如下经营业务：

业务一：对外提供运输服务，取得收入 650 万元（不含税）。

业务二：购买运输车辆取得税控机动车销售统一发票价款 20 万元，税款 3.2 万元。

业务三：购买汽油取得增值税专用发票 18 万元，税款 2.88 万元。

业务四：支付电费 1.3 万元，税款 0.208 万元。

业务五：收到出租运输车收入 35 万元（不含税），开出增值税专用发票。

业务六：发生运输车辆修理费 21 万元，税款 3.36 万元。

业务七：采购办公用复印机一台 5.3 万元，税款 0.848 万元。

业务八：支付水费 1.5 万元，税款 0.15 万元。

业务九：购买办公用品取得普通发票 0.58 万元。

业务十：在外地加油取得普通发票 0.48 万元。

业务十一：取得仓储费专用发票 9.54 万元，税款 0.54 万元。

业务十二：取得装卸搬运费专用发票 6.36 万元，税款 0.36 万元。

业务十三：支付其他运输公司转运费，取得运输费专用发票 18 万元，税款 1.8 万元。

业务十四：支付高速公路过路过桥费 0.463 5 万元。

业务十五：购买小汽车，取得税控机动车销售统一发票价款 52 万元，增值税款 8.32 万元。

要求计算该公司当月应纳增值税额。

【例题解析】

（1）根据《营业税改征增值税试点实施办法》规定，该公司为增值税一般纳税人，选择适用一般计税方法计算应纳税额，对上述业务依次进行分析确认。

业务一：该企业为运输业，对外提供运输服务，适用税率为 10%。

销项税额 = 不含税销售额 × 税率

=650 × 10%=65（万元）

业务二：从销售方取得税控机动车销售统一发票注明的增值税额，准予从销项税额中抵扣。

该业务的进项税额为 3.2 万元。

业务三和业务四：从销售方取得的增值税专用发票注明的增值税额，准予从销项税额中抵扣。

该业务的进项税额 =2.88+0.208=3.088（万元）

业务五：该业务为销售服务中的经营租赁业务（有形动产经营租赁），适用税率为 16%。

该业务的销项税额 =35 × 16%=5.6（万元）

业务六和业务七：从销售方取得的增值税专用发票注明的增值税额，准予从销项税额中抵扣。

该业务的进项税额 =3.36+0.848=4.208（万元）

业务八：从销售方取得的增值税专用发票注明的增值税额，准予从销项税额中抵扣。自来水适用税率为 10%。

该业务的进项税额为 0.15 万元。

业务九和业务十：从销售方取得的增值税专用发票注明的增值税额，准予从销项税额中抵扣。

该业务取得普通发票，不允许抵扣进项税额。

业务十一和业务十二：根据《营业税改征增值税试点实施办法》规定，仓储和装卸搬运系物流辅助服务，适用税率为6%。取得的专用发票注明的税额允许抵扣。

该业务的进项税额 =0.54+0.36=0.9（万元）

业务十三：根据《营业税改征增值税试点实施办法》规定，从销售方取得的增值税专用发票注明的增值税额，准予从销项税额中抵扣。

该业务的进项税额为 1.8 万元。

业务十四：高速公路通行费可抵扣进项税额为高速公路通行费发票上注明的金额 ÷（1+3%）×3%。

该业务的进项税额 =0.463 5÷（1+3%）×3%=0.013 5（万元）

业务十五：原增值税一般纳税人自用的应征消费税的摩托车、汽车、游艇，其进项税额准予从销项税额中抵扣。

该业务的进项税额为 8.32 万元。

（2）该公司 2018 年 3 月应缴纳增值税：

1）销项税额 =65+5.6=70.6（万元）

2）进项税额 =3.2+3.088+4.208+0.15+0.9+1.8+0.013 5+8.32

=21.679 5（万元）

3）应纳增值税额 =70.6–21.679 5=48.920 5（万元）

四、金融服务应纳增值税的计算

金融保险业具体包括银行金融机构、非银行金融机构和非金融机构。银行金融机构包括中央银行、商业性银行和政策性银行三类。非银行金融机构主要有农村信用合作社、城市合作银行、金融租赁公司、财务公司、投资公司、金融信托公司、证券公司和保险公司等。

金融保险业纳税人是指在我国境内经营金融服务的单位和个人。

金融业增值税一般纳税人适用税率为6%，小规模纳税人提供金融服务以及特定金融机构中的一般纳税人提供的可选择简易计税方法的金融服务增值税征收率为3%。

［例 2—23］某银行分理处某月自有资金贷款业务获利息收入 340 万元；从国内同业银行借入资金贷款获利息收入 280 万元，该借款利息支出 200 万元；从国外借

入资金，贷与企业使用，该业务利息费用为250万元，利息收入为355.2万元。进行非证券投资基金交易，买入价320万元，卖出价415.4万元。进行非货物期货交易获利50万元。要求计算该银行本月应纳增值税额。

【例题解析】贷款服务，以提供贷款服务取得的全部利息及利息性质的收入为销售额全额征税。金融商品转让，按照卖出价扣除买入价后的余额为销售额征税。税率均为6%。

该银行本月应纳增值税额为：

贷款业务应纳增值税额＝含税贷款利息收入 ÷（1+税率）× 税率

＝（340+280+355.2）÷（1+6%）×6%=55.2（万元）

金融商品转让应纳增值税额＝（卖出价－买入价）÷（1+税率）× 税率

＝（415.4−320+50）÷（1+6%）×6%=8.23（万元）

五、邮政服务应纳增值税的计算

邮政服务是指中国邮政集团公司及其所属邮政企业提供邮件寄递、邮政汇兑和机要通信等邮政基本服务的业务活动，包括邮政普遍服务、邮政特殊服务和其他邮政服务。

根据《关于将铁路运输和邮政业纳入营业税改征增值税试点的通知》规定，中国邮政集团公司及其所属邮政企业提供的邮政普遍服务和邮政特殊服务，免征增值税；境内的单位和个人为出口货物提供的邮政业服务和收派服务，免征增值税；自2014年1月1日至2015年12月31日，中国邮政集团公司及其所属邮政企业为金融机构代办金融保险业务取得的代理收入，免征增值税。中国邮政速递物流股份有限公司及其子公司提供的类似于邮政普遍服务和邮政特殊服务的应税服务，不适用免征增值税政策。

［例2—24］某市邮政局为增值税一般纳税人，2017年1月发生下列业务：

业务一：按照国家规定提供邮政普遍服务，取得邮政服务不含税收入510万元。

业务二：按照国家规定提供邮政特殊服务，取得服务不含税收入380万元。

业务三：提供其他邮政服务，取得服务收入价税合计264万元。

业务四：提供收派服务，取得服务收入价税合计127.2万元。

业务五：为其他企业出口货物，提供邮政服务和收派服务不含税收入110万元。

业务六：为中国邮政速递物流股份有限公司代办业务，取得代理收入价税合计71.5万元。

业务七：为金融机构代办金融保险业务，取得代理收入价税合计93.5万元。

业务八：已知该邮政局当月共取得符合抵扣条件的增值税进项税额 45.87 万元，但无法准确划分征免税进项税额。

假定该邮政局按规定程序办理了增值税免税手续。要求计算该邮政局当月应纳增值税额。

【例题解析】

（1）根据《营业税改征增值税试点实施办法》规定，该邮政局为增值税一般纳税人，选择适用一般计税方法计算应纳税额，对上述业务依次进行分析确认：

业务一、业务二、业务五：中国邮政集团公司及其所属邮政企业提供的邮政普遍服务和邮政特殊服务，免征增值税，为出口货物提供的邮政业服务和收派服务免征增值税。

免税收入 =510+380+110=1 000（万元）

业务三：邮政业在境内提供的其他邮政服务，适用 10% 的增值税税率。

销项税额 = 含税销售额 ÷（1+ 税率）× 税率

=264÷（1+10%）×10%=24（万元）

业务四：邮政业在境内提供的收派服务属于物流辅助服务，就其收派服务适用 6% 的增值税税率。

销项税额 = 含税销售额 ÷（1+ 税率）× 税率

=127.2÷（1+6%）×6%=7.2（万元）

业务六：中国邮政速递物流股份有限公司不适用免征增值税政策。

业务七：已经超过规定的免征增值税期限。邮政代理适用税率为 10%。

销项税额 = 含税销售额 ÷（1+ 税率）× 税率

=（71.5+93.5）÷（1+10%）×10%=15（万元）

（2）该公司 2017 年 1 月应纳增值税额：

1）根据《财政部　国家税务总局关于全面推开营业税改征增值税试点的通知》规定，适用一般计税方法的纳税人，兼营简易计税方法计税项目、免征增值税项目而无法划分不得抵扣的进项税额，按照下列公式计算不得抵扣的进项税额：

不得抵扣的进项税额 = 当期无法划分的全部进项税额 ×（当期简易计税方法计税项目销售额 + 免征增值税项目销售额）÷ 当期全部销售额

当期全部销售额 =510+380+264÷（1+10%）+127.2÷（1+6%）+110+71.5÷（1+10%）+93.5÷（1+10%）

=510+380+240+120+110+65+85=1 510（万元）

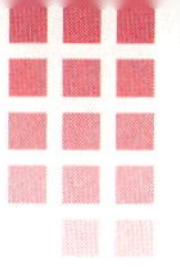

不得抵扣的进项税额 =45.87×1 000÷1 510=30.4（万元）

2）当期销项税额 =24+7.2+6.5+8.5=46.2（万元）

3）当期准予抵扣进项税额 =45.87−30.4=15.47（万元）

4）当期应纳增值税额 =46.2−15.47=30.73（万元）

六、电信服务应纳增值税的计算

电信服务是指利用有线、无线的电磁系统或者光电系统等各种通信网络资源，提供语音通话服务，传送、发射、接收或者应用图像、短信等电子数据和信息的业务活动，包括基础电信服务和增值电信服务。

在中华人民共和国境内提供电信服务的单位和个人为增值税纳税人。

提供基础电信服务，税率为 10%。提供增值电信服务，税率为 6%。

境内单位和个人向中华人民共和国境外单位提供电信服务，免征增值税。以积分兑换形式赠送的电信服务，不征收增值税。

［例 2—25］甲电信集团某分公司为增值税一般纳税人。2018 年 6 月，该分公司利用固网、移动网、卫星、互联网提供语音通话服务，取得价税合计收入 2 750 万元；提供短信和彩信服务价税合计收入 1 060 万元。该分公司当月认证准予抵扣的增值税专用发票进项税额 180 万元。要求计算该分公司当月应纳增值税额。

【例题解析】电信业提供基础电信服务，适用 10% 的增值税税率。提供增值电信服务，税率为 6%。利用固网、移动网、卫星、互联网提供语音通话服务，属于基础电信服务，提供短信和彩信服务属于增值电信服务。

销项税额 = 含税销售额 ÷（1+ 税率）× 税率

=2 750÷（1+10%）×10%+1 060÷（1+6%）×6%

=250+60=310（万元）

进项税额 =180（万元）

应纳增值税额 =310−180=130（万元）

七、现代服务应纳增值税的计算

现代服务是指围绕制造业、文化产业、现代物流产业等提供技术性、知识性服务的业务活动，包括研发和技术服务、信息技术服务、文化创意服务、物流辅助服务、租赁服务、鉴证咨询服务、广播影视服务、商务辅助服务和其他现代服务。

[例 2—26] 某广告公司为增值税一般纳税人，2017 年 8 月广告设计业务收入 402.8 万元，会议展览业务收入 265 万元。会议展览业务取得专用发票的材料价款 52 万元，增值税 8.32 万元。要求计算该公司当月应纳增值税额。

【例题解析】广告设计和会议展览均属于现代服务中的文化创意服务，适用增值税税率为 6%。

（1）广告设计业务销项税额 = 含税销售额 ÷（1+ 税率）× 税率

=402.8 ÷（1+6%）×6%=22.8（万元）

（2）会议展览业务销项税额 = 含税销售额 ÷（1+ 税率）× 税率

=265 ÷（1+6%）×6%=15（万元）

（3）进项税额 =8.32（万元）

（4）应纳增值税额 =22.8+15−8.32=29.48（万元）

八、生活服务应纳增值税的计算

生活服务是指为满足城乡居民日常生活需求提供的各类服务活动，包括文化体育服务、教育医疗服务、旅游娱乐服务、餐饮住宿服务、居民日常服务和其他生活服务。

生活服务业纳税人分为一般纳税人和小规模纳税人，一般纳税人适用税率为 6%，小规模纳税人征收率为 3%。纳税人提供生活服务的年应征增值税销售额 ⩾ 500 万元的为一般纳税人，未超过规定标准的纳税人为小规模纳税人。销售额 < 500 万元的纳税人，只要会计核算健全，能够提供准确税务资料的，也可以向主管税务机关办理一般纳税人资格登记，成为一般纳税人。小规模纳税人不享有税款抵扣权。一般纳税人适用一般价税方法计税，小规模纳税人适用简易计税方法计税。大量的生活服务业都是中小企业，都属于小规模纳税人，按照 3% 的征收率实行简易征收。

[例 2—27] 某宾馆为增值税一般纳税人，2017 年 9 月取得住宿服务收入 159 万元，经营成本为 100 万元，其中购买宾馆日用品、清洗布草、添置电器等取得增值税专用发票上注明的税额 3.5 万元。要求计算该宾馆当月应纳增值税额。

【例题解析】一般纳税人发生应税行为适用一般计税方法计税。宾馆服务属于生活服务中的餐饮住宿服务，适用税率为 6%。

销项税额 = 含税销售额 ÷（1+ 税率）× 税率

=159 ÷（1+6%）×6%=9（万元）

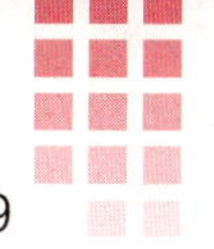

进项税额 =3.5（万元）

应纳增值税额 = 当期销项税额 – 当期进项税额

=9–3.5=5.5（万元）

第六节 增值税纳税申报

一、增值税纳税地点

纳税地点是指纳税人申报纳税的地点。《增值税暂行条例》对增值税的纳税地点明确规定：

1. 固定业户应当向其机构所在地主管税务机关申报。总机构和分支机构不在同一县（市）的，应当分别向各自所在地主管税务机关申报纳税；经国务院财政、税务主管部门或者其授权的财政、税务机关批准，可以由总机构汇总向总机构所在地主管税务机关申报纳税。

2. 固定业户到外县（市）销售货物或者劳务的，应当向其机构所在地的主管税务机关报告外出经营事项，并向其机构所在地的主管税务机关申报纳税；未报告的，应当向销售地或者劳务发生地的主管税务机关申报纳税；未向销售地或者劳务发生地的主管税务机关申报纳税的，由其机构所在地主管税务机关补征税款。

3. 非固定业户销售货物或者劳务，应当向销售地或者劳务发生地的主管税务机关申报纳税；未向销售地或者劳务发生地的主管税务机关申报纳税的，由其机构所在地或者居住地的主管税务机关补征税款。

4. 进口货物，应当向报关地海关申报纳税。

此外，国家税务总局可以根据征收管理的需要，对增值税纳税地点作特殊规定。

二、增值税纳税期限

《增值税暂行条例》规定，增值税的纳税期限分别为1日、3日、5日、10日、15日、1个月或者1个季度。纳税人的具体纳税期限，由主管税务机关根据纳税人应纳税额的大小分别核定；不能按照固定期限纳税的，可以按次纳税。

纳税人以1个月或者1个季度为1个纳税期的，自期满之日起15日内申报纳税；以1日、3日、5日、10日或15日为1个纳税期的，自期满之日起5日内预缴税款，于次月1日起15日内申报纳税并结清上月应纳税款。

纳税人进口货物，应当自海关填发海关进口增值税专用缴款书之日起15日内缴纳税款。

纳税人出口适用税率为零的货物，向海关办理出口手续后，凭出口报关单等有关凭证，可以按月向税务机关申报办理该项出口货物的退税。

三、增值税一般纳税人纳税申报方法

1. 认证

（1）认证时间

纳税人申报抵扣的增值税专用发票必须自发票开具之日起90日内报送税务机关进行认证，否则不得抵扣进项税额。

（2）认证方式

1）手工认证。纳税人取得防伪税控系统开具的增值税专用发票抵扣联，必须在每月月底之前到所属主管税务机关“认证窗口”进行认证。税务机关认证后，向纳税人下达“认证结果通知书”和“认证结果清单”。对于认证不符及密文有误的抵扣联，税务机关暂不予抵扣，并当场扣留作调查处理。未经认证的，不得申报抵扣。

2）网上认证。纳税人按月将取得的防伪税控系统开具的增值税专用发票抵扣联通过企业采集方式生成电子数据，在每月月底前，一次或分次报送至税务机关。

2. 纳税申报资料

（1）必报资料

必报资料为增值税纳税申报表（适用于增值税一般纳税人）（见表2—3）及其增值税纳税申报表附列资料，具体包括：本期销售情况明细表、本期进项税额明细表、防伪税控增值税专用发票申报抵扣明细表、防伪税控增值税专用发票存根联明细表等。

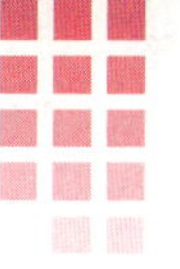

表 2—3 增值税纳税申报表

（一般纳税人适用）

根据国家税收法律法规及增值税相关规定制定本表。纳税人不论有无销售额，均应按税务机关核定的纳税期限填写本表，并向当地税务机关申报。

税款所属时间：自 年 月 日至 年 月 日 填表日期： 年 月 日

金额单位：元（列至角分）

纳税人识别号							
纳税人名称	（公章）	法定代表人姓名		注册地址		生产经营地址	
开户银行及账号		登记注册类型		电话号码			

项目		栏次	一般项目		即征即退项目	
			本月数	本年累计	本月数	本年累计
销售额	（一）按适用税率计税销售额	1				
	其中：应税货物销售额	2				
	应税劳务销售额	3				
	纳税检查调整的销售额	4				
	（二）按简易办法计税销售额	5				
	其中：纳税检查调整的销售额	6				
	（三）“免、抵、退”税管理办法出口销售额	7			—	—
	（四）免税销售额	8			—	—
	其中：免税货物销售额	9			—	—
	免税劳务销售额	10			—	—
税款计算	销项税额	11				
	进项税额	12				
	上期留抵税额	13				—
	进项税额转出	14				
	“免、抵、退”应退税额	15			—	—
	按适用税率计算的纳税检查应补缴税额	16			—	—
	应抵扣税额合计	17=12+13-14-15+16		—		—
	实际抵扣税额	18（如 17<11，则为 17，否则为 11）				

续表

项目		栏次	一般项目		即征即退项目	
			本月数	本年累计	本月数	本年累计
税款计算	应纳税额	19=11-18				
	期末留抵税额	20=17-18				—
	简易计税办法计算的应纳税额	21				
	按简易计税办法计算的纳税检查应补缴税额	22			—	—
	应纳税额减征额	23				
	应纳税额合计	24=19+21-23				
税款缴纳	期初未缴税额（多缴为负数）	25				
	实收出口开具专用缴款书退税额	26			—	—
	本期已缴税额	27=28+29+30+31				
	①分次预缴税额	28		—		—
	②出口开具专用缴款书预缴税额	29		—	—	—
	③本期缴纳上期应纳税额	30				
	④本期缴纳欠缴税额	31				
	期末未缴税额（多缴为负数）	32=24+25+26-27				
	其中：欠缴税额（≥0）	33=25+26-27		—		—
	本期应补（退）税额	34=24-28-29		—		—
	即征即退实际退税额	35	—	—		
	期初未缴查补税额	36			—	—
	本期入库查补税额	37			—	—
	期末未缴查补税额	38=16+22+36-37			—	—

授权声明	如果你已委托代理人申报，请填写下列资料： 为代理一切税务事宜，现授权________（地址）________为本纳税人的代理申报人，任何与本申报表有关的往来文件，都可寄予此人。 授权人签字：________	申报人声明	本纳税申报表是根据国家税收法律法规及相关规定填报的，我确定它是真实的、可靠的、完整的。 声明人签字：________

主管税务机关：　　　　接收人：　　　　接收日期：

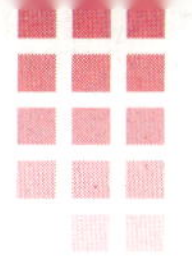

（2）备查资料

包括：已开具的普通发票存根联，符合抵扣条件并且在本期申报抵扣的增值税专用发票抵扣联，海关进口增值税专用缴款书、运输发票、购进农产品普通发票及购进废旧物资普通发票的复印件，代扣代缴税款凭证存根联，主管税务机关规定的其他备查资料。

（3）申报资料的报送要求

纳税人应在规定期限内向主管税务机关“申报受理”窗口申报缴纳增值税，并按相应的填表说明填报纳税申报纸质资料和有关电子数据，纸质资料加装封面后递交税务机关；税务机关签收后，将纸质资料一份退还纳税人，其余留存。

3. 抄税

纳税人每月将防伪税控开票系统中的数据抄至“税控 IC 卡”上，在办理完纳税申报手续的同时报给所属主管税务机关申报管理科“抄税窗口”。“抄税窗口”抄税后，将“税控 IC 卡”退还纳税人。纳税人抄税数据大于申报表数据的，税务机关将暂扣“税控 IC 卡”，核实处理以后再退还纳税人。纳税人必须在纳税申报的同时进行抄税，逾期抄税的，税务机关将暂停供应发票。

四、增值税小规模纳税人纳税申报方法

小规模纳税人的增值税纳税日期要求和纳税地点要求都与一般纳税人的要求相同。小规模纳税人的增值税纳税申报表见表 2—4。

表 2—4 增值税纳税申报表

（小规模纳税人适用）

税款所属期： 年 月 日至 年 月 日 填表日期： 年 月 日

金额单位：元（列至角分）

纳税人识别号				
纳税人名称	（公章）			
项　　目		栏次	本期数	本年累计
一、计税依据	（一）应征增值税货物及劳务不含税销售额	1		
	其中：税务机关代开的增值税专用发票不含税销售额	2		
	税控器具开具的普通发票不含税销售额	3		
	（二）销售使用过的应税固定资产不含税销售额	4		
	其中：税控器具开具的普通发票不含税销售额	5		
	（三）免税货物及劳务销售额	6		
	其中：税控器具开具的普通发票销售额	7		
	（四）出口免税货物销售额	8		
	其中：税控器具开具的普通发票销售额	9		
二、税款计算	本期应纳税额	10		
	本期应纳税额减征额	11		
	应纳税额合计	12=10-11		
	本期预缴税额	13		—
	本期应补（退）税额	14=12-13		—

续表

<table>
<tr><td rowspan="5">纳税人或代理人声明：
此纳税申报表是根据国家税收法律法规的规定填报的，我确定它是真实的、可靠的、完整的。</td><td colspan="3">如纳税人填报，由纳税人填写以下各栏：</td></tr>
<tr><td colspan="3">办税人员（签章）：　　　　财务负责人（签章）：

法定代表人（签章）：　　　　联系电话：</td></tr>
<tr><td colspan="3">如委托代理人填报，由代理人填写以下各栏：</td></tr>
<tr><td>代理人名称：</td><td>经办人（签章）：</td><td>联系电话：</td></tr>
<tr><td colspan="3">代理人（公章）：</td></tr>
</table>

受理人：　　　　受理日期：　年　月　日　　　　受理税务机关（签章）：

本表为竖式一式三份，一份纳税人留存，一份主管税务机关留存，一份征收部门留存。

练习题

1. 什么是增值税？增值额指的是什么？
2. 如何划分增值税一般纳税人和小规模纳税人？
3. 简述进项税额、销项税额的概念及两者的关系。
4. 出口货物退税有哪些具体规定？
5. 简述增值税一般纳税人纳税申报的程序。

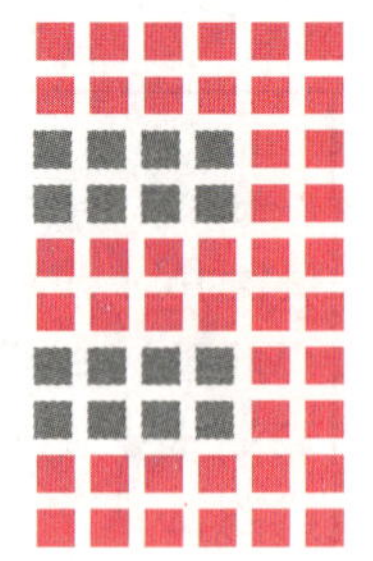

第三章 消费税

学习目标

- 了解消费税的概念
- 了解消费税的特点及作用
- 掌握消费税的纳税人和纳税范围
- 掌握消费税的税目和税率
- 掌握消费税应纳税额的计算方法
- 了解消费税纳税申报方法

第一节 消费税概述

一、消费税概念

消费税是对在我国境内从事生产、委托加工和进口应税消费品的单位和个人，就其应税消费品的销售额和销售数量，在特定环节征收的一种税。简单地说，消费税是对特定的消费品和消费行为征收的一种税，属于流转税范畴。

消费税实行价内税，只在应税消费品的生产、委托加工和进口环节缴纳，在以后的批发、零售等环节，因为价款中已包含消费税，因此不用再缴纳消费税，税款最终由消费者承担。

我国的消费税在税制结构体系中是增值税的配套税种，即国家在对生产经营活动实行普遍征收增值税的基础上，选择少数消费品再征税的一个税种。对这些消费品实行交叉征收流转税的双层调节，可以达到引导消费方向，调节消费结构，进而影响生产结构的目的。消费税是中央税，是国家调节国民经济结构，保证国家财政收入的重要税种。

二、消费税特点及作用

1. 消费税的特点

（1）征收范围具有选择性

消费税以税法规定的特定产品为征税对象，即国家可以根据宏观产业政策和消费政策的要求，有目的、有重点地选择部分特定的消费品和消费行为征收对象征收，以适当地限制某些特殊消费品的消费需求。税法中没有列举的消费品和消费行为都不征收消费税。为适用我国目前的产业结构、消费水平、消费结构以及节能、环保等方面的要求，从 2006 年 4 月 1 日起，对消费税的征税范围进行了有增有减的调整，消费税的税目由 11 个调整为 15 个。

（2）征收环节具有单一性

消费税只是在应税消费品生产、流通或消费的某一环节一次性征收（卷烟除外），而不是在消费品生产、流通或消费的每个环节多次征收，即一次课征制。

对已征消费税的消费品在其他任何流通或消费环节不再征收消费税。

（3）征收方法具有多样性

消费税可以根据每一课税对象的不同特点，选择不同的征收方法。即可以采取对消费品指定单位税额依消费品的数量实行从量定额的征收方法，也可以采取对消费品或消费行为制定比例税率，依消费品或消费行为的价格从价定率的征收方法，还可以采取从价定率和从量定额复合征收方法。

（4）税负具有转嫁性

消费税是价内税，消费税税金是商品价格的组成部分，其税收负担将转嫁给最终消费者。

（5）税收调节具有特殊性

消费税可以根据消费品的价格水平、国家的产业政策和消费政策等情况，对不同消费品制定不同的税率、税额，如对需要限制或控制消费的消费品规定较高的税率等，不同的征税项目税负差异较大。消费税不仅是国家组织财政收入的重要手段，还具有独特的调节功能，在体现国家激励政策、引导消费方向、调节市场供求、缓解社会成员之间分配不均等方面发挥着重要的作用。

（6）消费税没有减免税

消费税选择征收的消费品一般为需求弹性较大的非生活必需品，是由有相应消费能力的消费者负担的一种税，不需要通过减免税来满足不合理的消费需求。为了公平税负，确保国家财政收入，充分发挥消费税调节社会特殊消费的作用，除出口的应税消费品外，其余应税消费品一律不得减税、免税。

2. 消费税的作用

消费税的作用主要表现在以下几个方面：

（1）正确引导消费，抑制超前消费，调整消费结构，缓解供求矛盾

由于消费税是一种间接税，税负可以转嫁，因此，消费税能够平抑过高或超前的消费需求，抑制一些有害品的消费，并能够引导消费方向，促使消费者形成符合时代要求的消费观念和消费习惯。

（2）体现国家产业政策，促进产业结构的合理化

政府对部分消费品和消费行为征收消费税，既可以调节消费量和消费结构，又可以调整生产规模和产业结构。消费税的调节作用主要就是通过消费税影响市场价格，而价格又影响着消费者的选择（消费）和生产企业的生产成本，进而最终影响着消费导向和产业结构的调整。

（3）调节收入，缓解社会分配不公

消费税的征收可以减少一部分货币的实际购买力，调节个人可支配的实际收入，从而实现平衡社会收入与财富的功能。消费税对收入分配的调节主要有两种方式。第一种方式是对低收入者消费的商品免税或实行低税率。在其他条件相同的情况下，对低收入者消费的商品实行免税或低税率，税后的收入分配虽然不一定能更加公平，但却具有一定缓解贫困的作用。第二种方式是对主要由高收入者消费的奢侈品实行高税率。政府对收入弹性较大、价格较高、非生活必需的奢侈品课征税率较高的税收，即通过对某些特定消费品征收较高的消费税，从而把高收入阶层的一部分收入转化为用于财政转移支付的资金，实现消费税的收入再分配。

（4）增加财政收入

消费税税源比较稳定，是构成政府收入（一般各个国家都将消费税作为中央政府收入）的重要组成部分，对政府财政收入的贡献作用明显。

三、消费税纳税人和纳税范围

1. 消费税的纳税人

消费税的纳税人是指在中华人民共和国境内生产、委托加工和进口属于《中华人民共和国消费税暂行条例》（以下简称《消费税暂行条例》）规定的消费品的单位和个人，以及国务院确定的销售《消费税暂行条例》规定的消费品的其他单位和个人。

消费税纳税人一般分为以下三种：

（1）生产或销售（含自用）的应税消费品，以生产或销售的单位和个人为纳税人。

（2）进口的应税消费品，由进口的单位和个人为纳税人，由海关代征税款。

（3）委托加工的应税消费品，以委托加工的单位和个人为纳税人，由受托方代收代缴税款。

另外，对于从事金银首饰进口、零售、委托加工的纳税人，税法还做了特殊规定：在我国境内从事金银首饰零售业务的单位和个人，为金银首饰消费税的纳税人；委托加工、委托代销金银首饰，除有特殊规定外，受托方是纳税人；经营单位进口的金银首饰，在进口时不缴纳消费税，待其在国内零售时再缴纳；消费者个人携带、邮寄进境的金银首饰仍在进口环节由海关代征税款。

2. 消费税的纳税范围

根据消费税征税范围确定原则，可以将消费税的征税范围分为以下五大类：

第一类：一些过度消费会对人身健康、社会秩序、生态环境等方面造成危害的特殊消费品，如烟酒、鞭炮、焰火等。

第二类：非生活必需品，如化妆品、贵重首饰等。

第三类：高能耗及高档消费品，如小汽车、摩托车等。

第四类：不可再生和替代的稀缺资源消费品，如汽油、柴油等。

第五类：税基宽广、消费普遍、征税后不影响居民基本生活并具有一定财政意义的消费品。

四、消费税税目和税率

消费税共设置15个税目，征税主旨明确，课税对象清晰。根据消费税征税对象的具体情况，我国现行的消费税税率选择了固定税率和比例税率两种。

消费税税目和税率见表3—1。

表3—1　　消费税税目和税率一览表

税　目	子　目		税　率
一、烟	1. 卷烟	（1）甲类卷烟（调拨价≥70元/条）	56%加0.003元/支（生产环节）
		（2）乙类卷烟（调拨价＜70元/条）	36%加0.003元/支（生产环节）
		（3）商业批发	11%加0.005元/支（批发环节）
	2. 雪茄烟		36%（生产环节）
	3. 烟丝		30%（生产环节）
二、酒	1. 啤酒	甲类：每吨出厂价格3 000元（含）以上的	250元/吨
		乙类：每吨出厂价格3 000元以下的	220元/吨
		娱乐业和饮食业自制的	250元/吨
	2. 粮食白酒、薯类白酒		20%加0.5元/斤或0.5元/500毫升
	3. 黄酒		240元/吨
	4. 其他酒		10%

续表

税　目	子　目		税　率
三、成品油	1. 汽油		1.52元/升
	2. 柴油		1.20元/升
	3. 石脑油		1.52元/升
	4. 溶剂油		1.52元/升
	5. 润滑油		1.52元/升
	6. 燃料油		1.20元/升
	7. 航空煤油		1.20元/升（暂缓征收）
四、鞭炮、焰火	—		15%
五、贵重首饰及珠宝玉石	1. 金银首饰、铂金首饰和钻石及钻石饰品		5%（零售环节征收）
	2. 其他金银珠宝首饰和珠宝玉石		10%（生产环节征收）
六、高尔夫球及球具	—		10%
七、高档手表	—		20%
八、游艇	—		10%
九、木制一次性筷子	—		5%
十、实木地板	—		5%
十一、小汽车	1. 乘用车	（1）气缸容量（排气量，下同）在1.0升（含1.0升）以下的	1%
		（2）气缸容量在1.0升以上至1.5升（含1.5升）的	3%
		（3）气缸容量在1.5升以上至2.0升（含2.0升）的	5%
		（4）气缸容量在2.0升以上至2.5升（含2.5升）的	9%
		（5）气缸容量在2.5升以上至3.0升（含3.0升）的	12%
		（6）气缸容量在3.0升以上至4.0升（含4.0升）的	25%
		（7）气缸容量在4.0升以上的	40%
	2. 中轻型商用客车		5%
十二、摩托车	1. 汽缸容量250毫升		3%
	2. 汽缸容量250毫升以上（不含250毫升）		10%
十三、化妆品	—		30%
十四、铅蓄电池			4%
十五、涂料			4%

五、消费税减免与出口退税

消费税是一种选择税，选择征收的消费品一般为非生活必需品。应税消费品的购买者一般具有较强的购买能力和税负能力，如果没有这种税负能力，应不会发生应税行为，不能要求国家通过减免税来满足较高的消费需求。因此，消费税不存在减免税问题。为公平税负，国家规定除了出口应税消费品外，境内生产销售应税消费品，一律不得减免消费税。

纳税人销售的应税消费品，如因质量等原因由购买者退回时，经所在地主管税务机关审核批准后，可退还已缴纳的消费税税款。

世界各国出口的应税消费品一般都是免税的。按国际惯例，我国税法规定，出口应税消费品免征消费税，国务院另有规定的（主要是指国家限制出口的应税消费品）除外。

我国消费税免征办法有直接免税和先征后退两种。

对于生产企业直接出口的应税消费品，可以直接免税，不办理退税。对于生产企业通过外贸企业出口应税消费品，则采取先征后退的办法，即由生产企业先交消费税，待外贸企业办理报关后再申请退税。生产企业委托外贸企业代理出口的，所退税款应由外贸企业退还生产企业。如果生产企业将应税消费品卖给外贸企业，由外贸企业自营出口的，所退税款归外贸企业所有。

出口的应税消费品办理退税后，发生退关或者国外退货进口时予以免税的，报关出口者必须及时向其所在地主管税务机关申报补缴已退的消费税税款。纳税人直接出口的应税消费品办理免税后，发生退关或国外退货进口时已予以免税的，经所在地主管税务机关批准，可暂时不办理补税，待其转为国内销售时，再向其主管税务机关申报补缴消费税。

第二节　消费税应纳税额计算

一、消费税的计税方法

消费税的计算，根据计税依据不同而有所区别，一般有以下三种计税方法。

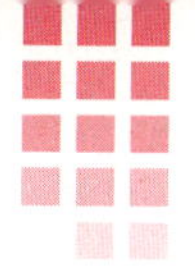

1. 从价定率

从价定率计税的消费品以应税消费品的售价作为计税依据计算征收应纳税款，计算公式为：

应纳消费税额 = 销售额 × 消费税税率

（1）销售额的确认

销售额是纳税人销售应税消费品向购买方收取的全部价款和价外费用，但不包括应向购货方收取的增值税税额。价外费用是指价外收取的基金、集资费、返还利润、补贴、违约费、手续费、包装费、储备费、优质费、运输装卸费、代收款项及其他各种性质的费用。如果纳税人应税消费品的销售额中未扣除增值税税款或者因不得开具增值税专用发票而采取价税合并形式收取货款的，在计算消费税额时，应换算成不含增值税额之后再行计算。换算公式为：

应税消费品的销售额 = 含增值税销售额 ÷（1+ 增值税税率或征收率）

纳税人销售的应税消费品以人民币计算销售额。以人民币以外的货币结算销售额的，应当折合人民币计算。

应税消费品连同包装销售的，无论包装是否单独计价，也无论在会计上如何核算，均应并入应税消费品的销售额中缴纳消费税。如果包装物不作价随同产品销售，而是收取押金，此押金不并入应税消费品的销售额中纳税。但对因逾期未收回的包装物不再退还的和已收取一年以上的押金，应并入应税消费品的销售额，按照应税消费品的适用税率缴纳消费税。对作价随同应税消费品销售的包装物，其另外收取的押金，如果在规定的期限内不予退还的，均应并入应税消费品的销售额，按照应税消费品的适用税率缴纳消费税。

纳税人通过自设非独立核算门市部销售的自产应税消费品，应当按照门市部对外销售金额缴纳消费税。

纳税人兼营卷烟批发和零售业务的，应当分别核算批发和零售环节的销售额、销售数量；未分别核算批发和零售环节销售额、销售数量的，按照全部销售额、销售数量计征批发环节消费税。

（2）确认销售实现的时间

销售实现的时间意味着纳税义务发生的时间。根据不同的销售结算方式，销售实现的时间应当按如下规定予以确认：

采取赊销和分期收款结算方式的，以销售合同规定的收款日期的当天为销售实现的时间。采取预收货款结算方式的，以发出应税消费品的当天为销售实现的时间。采取托收承付和委托银行收款方式的，以发出应税消费品并办妥托收手续的当天为销售实现的时间。采取其他结算方式的，以收讫销售款或者取得索取销售款凭据的当天为销售实现的时间。

2. 从量定额

从量定额计税的消费品以应税消费品的销售数量作为计税依据计算征收应纳税款，计算公式为：

应纳消费税额 = 销售数量 × 消费税单位税额

（1）销售数量的确定

销售数量是指应税消费品的数量。销售数量的确定具体包括：应税消费品，为应税消费品的销售数量；自产自用应税消费品，为应税消费品的移送使用数量；委托加工应税消费品，为纳税人收回的应税消费品数量；进口的应税消费品，为海关核定的应税消费品进口征税数量。

（2）计量单位的换算

根据我国现行税法规定，消费税中只有黄酒、啤酒、成品油三类产品是以销售数量作为计税依据的。在从量定额计税时，黄酒、啤酒以吨为税额单位，成品油以升为税额单位。为了规范不同产品的计量单位，准确计算应纳税额，税法对吨与升两个计量单位的换算标准规定如下：

黄酒 1 吨 =962 升　　啤酒 1 吨 =988 升　　汽油 1 吨 =1 388 升

柴油 1 吨 =1 176 升　　石脑油 1 吨 =1 385 升　　溶剂油 1 吨 =1 282 升

润滑油 1 吨 =1 126 升　　燃料油 1 吨 =1 015 升　　航空煤油 1 吨 =1 246 升

3. 复合计税

卷烟和白酒的消费税实行从量定额和从价定率相结合的复合计税办法计算应纳税额，计算公式为：

应纳消费税额 = 销售数量 × 消费税定额税率 + 销售额 × 消费税比例税率

凡在中华人民共和国境内生产、委托加工、进口卷烟和白酒的单位和个人，都应当依照规定缴纳从量定额消费税和从价定率消费税。

从量定额计税办法的计税依据为卷烟、白酒的实际销售数量。进口、委托加工、自产自用卷烟和白酒从量定额计税的依据分别为海关核定的进口征税数量、委托方收回数量、移送使用数量。

二、纳税人销售自制应税消费品应纳消费税额的计算

纳税人当期应税消费品的销售额和销售数量确认之后，即可按相应的计算公式计算应纳税额。

［例 3—1］某工厂销售应税消费品，取得销售收入 10 万元（不含增值税），同时取得单独计价的包装物价款 0.3 万元（不含增值税）和其他相关费用 0.7 万元，假设该产品消费税税率为 5%，要求计算该工厂应纳消费税额。

【例题解析】该工厂随同应税消费品销售收取的价外费用应并入销售额中计征消费税。

应纳消费税额 = 销售额 × 税率

=（10+0.3+0.7）×5%=0.55（万元）

［例 3—2］某工厂设有非独立核算的门市部对外零售自产的应税消费品，某月全部销售额（含增值税）为 58 万元。假设增值税税率为 16%，消费税税率为 10%，要求计算该工厂应纳消费税额。

【例题解析】纳税人应税消费品的销售额中已含增值税税额，应换算为应计消费税的销售额。

应税消费品的不含税销售额 = 含增值税销售额 ÷（1+ 增值税税率或征收率）

=58÷（1+16%）=50（万元）

应纳消费税额 = 销售额 × 税率

=50×10%=5（万元）

［例 3—3］某企业采购原油 40 吨，委托炼油厂加工成汽油 12 吨，要求计算该项业务应纳消费税额。

【例题解析】汽油的定额消费税税率为 1.52 元 / 升，汽油 1 吨 =1 388 升。

应纳消费税额 = 销售数量 × 单位税额

=12×1 388×1.52 ≈ 25.32（万元）

［例 3—4］某企业销售应税消费品一批，以美元结算，共收取 15 万美元的销售收入，当月 1 日美元与人民币汇率（中间价）为 1∶8.6。该消费品的消费税税率为 30%，要求计算该企业应纳消费税额。

【例题解析】纳税人销售的应税消费品以人民币计算销售额，该业务销售额应折合人民币计算。

按人民币计算的销售额 = 外币销售额 × 当日或当月 1 日汇率

=15×8.6=129（万元）

应纳消费税额 = 销售额 × 税率

=129×30%=38.7（万元）

［例 3—5］某摩托车厂 2018 年 1 月销售汽缸容量为 250 毫升的摩托车 10 000 辆，售价为 0.7 万元 / 辆（不含增值税），另代垫运费 10 万元（运费发票由承运方直接开给购货方）。要求计算该厂 1 月应纳消费税额。

【例题解析】该业务代垫运费的发票是开给购货方的。因此，运费不并入销售额计税。汽缸容量为 250 毫升的摩托车适用税率为 3%。

应纳消费税额 = 销售额 × 税率

=0.7×10 000×3%=210（万元）

［例 3—6］某卷烟厂销售甲类卷烟 20 标准箱（250 条 / 箱、50 000 支 / 箱），每箱 2 万元（调拨价为 80 元 / 条），价款 40 万元（不含增值税），不退包装物，采取托收承付结算方式，货物已发出并办好托收手续。要求计算该卷烟厂应纳消费税额。

【例题解析】采取托收承付和委托银行收款方式的，消费税纳税义务发生时间为发出应税消费品并办妥托收手续的当天。卷烟采用复合计税办法计算消费税。甲类卷烟税率为 56% 加 0.003 元 / 支。

应纳消费税额 = 销售数量 × 定额税率 + 销售额 × 比例税率

=20×50 000×0.003+400 000×56%=22.7（万元）

三、自产自用应税消费品应纳税额的计算

根据《消费税暂行条例》规定，纳税人自产自用的应税消费品是指纳税人生产应税消费品后，不是用于直接对外销售，而是用于连续生产应税消费品或用于其他方面。纳税人若是用于连续生产应税消费品的（作为生产最终应税消费品的直接材料，并构成最终产品实体的应税消费品，如卷烟厂生产的烟丝，再用于本厂连续生产出最终产品——卷烟），不纳消费税。纳税人若是用于其他方面，即用于生产非应税消费品和在建工程以及用于馈赠、赞助、集资、广告、样品、职工福利、奖励等方面，应于移送时按照纳税人生产同类消费品的销售价格为计税依据计算缴纳消费税，其应纳消费税额计算公式如下：

应纳消费税额 = 纳税人生产同类消费品销售价格 × 自产自用数量 × 适用税率

若没有同类消费品的销售价格，则可按组成计税价格计算缴纳消费税。

实行从价定率计算办法纳税的组成计税价格计算公式如下：

组成计税价格 =（成本 + 利润）÷（1- 消费税比例税率）

=［成本 ×（1+ 成本利润率）］÷（1– 消费税比例税率）

实行复合计税办法计算纳税的组成计税价格计算公式如下：

组成计税价格 =（成本 + 利润 + 自产自用数量 × 消费税定额税率）÷（1– 消费税比例税率）

应纳消费税额 = 组成计税价格 × 适用税率

其中：成本是应税消费品的产品生产成本；利润是按应税消费品的全国平均成本利润率计算的利润。

“同类消费品销售价格”是指纳税人当月销售的同类消费品的销售价格。如果当月同类消费品各期销售价格不同，应按销售数量加权平均计算。但销售价格明显偏低又无正当理由或无销售价格的，不得列入加权平均计算。如果当月无销售或者当月未完结，应按照同类消费品上月或最近月份的销售价格计算纳税。

纳税人用于换取生产资料和消费资料、投资入股和抵偿债务等方面的应税消费品，应以纳税人同类应税消费品的最高售价作为计税依据。

应税消费品的全国平均成本利润率：甲类卷烟 10%，乙类卷烟、雪茄烟及烟丝 5%，粮食白酒 10%，其他酒和酒精 5%，鞭炮、焰火 5%，贵重首饰及珠宝玉石 6%，汽车轮胎 5%，摩托车 6%，小轿车 8%，越野车 6%，小客车 5%。

新增和调整税目全国平均成本利润率：高尔夫球及球具 10%，高档手表 20%，游艇 10%，木制一次性筷子 5%，实木地板 5%，乘用车 8%，中轻型商用客车 5%。

［例 3—7］某工厂在节日期间将本厂自制的一批应税消费品作为福利发给职工，按同类消费品当月销售价格计算，该批应税消费品的销售收入额为 40 万元，适用消费税税率为 5%，要求计算该工厂应纳消费税额。

【例题解析】纳税人将自产应税消费品用于生产非应税消费品和在建工程以及用于馈赠、赞助、集资、广告、样品、职工福利、奖励等方面，应于移送时，按照纳税人生产同类消费品的销售价格或按组成计税价格计算缴纳消费税。

应纳消费税额 = 销售额 × 税率

=40×5%=2（万元）

四、委托加工应税消费品应纳税额的计算

委托加工是指由委托方提供原料或主要材料，受托方只收取加工费和代垫部分辅助材料加工的应税消费品。如确属税法规定的委托加工行为，除受托方为个人外，由受托方在向委托方交货时代收代缴消费税款。委托个人加工的应税消费

品由委托方收回后缴纳消费税。

委托加工应税消费品按照受托方的同类消费品销售价格计算纳税。否则，按照组成计税价格计税。

实行从价定率办法计算纳税的组成计税价格计算公式如下：

组成计税价格 =（材料成本 + 加工费）÷（1– 消费税比例税率）

实行复合办法计算纳税的组成计税价格计算公式如下：

组成计税价格 =（材料成本 + 加工费 + 委托加工数量 × 消费税定额税率）÷（1– 消费税比例税率）

“同类消费品销售价格”是指受托方（代扣代缴义务人）当月销售的同类消费品的销售价格。如果当月同类消费品各期销售价格高低不同，应按销售数量加权平均计算。但当销售价格明显偏低又无正当理由或无销售价格的，不能列入加权平均计算。如果当月无销售或当月未完结，应按照同类消费品上月或最近月份的销售价格计算纳税。

组成计税价格中的“材料成本”是指委托方所提供加工的材料实际成本。凡未提供材料成本或所在地主管税务机关认为不合理，税务机关有权重新核定材料成本。“加工费”是指受托方加工应税消费品向委托方收取的全部费用，包括代垫的辅助材料实际成本。

委托加工产品应纳税额的计算公式如下：

应纳消费税额 = 按受托方同类消费品的销售价格计算的销售额 × 消费税税率

= 销售数量 × 单位消费税额

= 组成计税价格 × 消费税税率

委托加工的应税消费品直接出售时，不再征收消费税。

［例 3—8］甲工厂委托乙工厂加工一批应税消费品，甲工厂提供的原材料成本为 32 万元，乙工厂代垫辅助材料的成本为 2 万元，收取加工费 8 万元，该应税消费品适用税率为 30%。受托的乙工厂没有同类消费品的销售价格。要求计算受托方应代收代缴的消费税额。

【例题解析】委托加工的应税消费品，按照受托方的同类消费品的销售价格计算纳税；没有同类消费品销售价格的，按照组成计税价格计算纳税。“加工费”是指受托方加工应税消费品向委托方收取的全部费用，包括代垫的辅助材料实际成本。

组成计税价格 =（材料成本 + 加工费）÷（1– 消费税税率）

=（32+2+8）÷（1–30%）=60（万元）

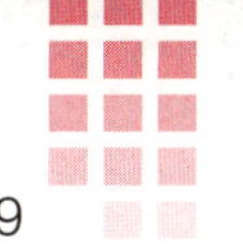

应代收代缴消费税额 = 组成计税价格 × 消费税税率

=60×30%=18（万元）

五、外购和委托加工收回的应税消费品连续生产应税消费品应纳消费税的计算

为了避免重复纳税，对于用外购或委托加工已税烟丝为原料生产的卷烟，已税化妆品为原料生产的化妆品，已税珠宝玉石为原料生产的贵重首饰及珠宝玉石，已税鞭炮、焰火为原料生产的鞭炮、焰火，已税汽车轮胎（内胎或外胎）为原料生产的汽车轮胎，已税摩托车为原料生产的摩托车（如用外购两轮摩托车改装三轮摩托车），已税杆头、杆身和握把为原料生产的高尔夫球杆，已税木制一次性筷子为原料生产的木制一次性筷子，已税实木地板为原料生产的实木地板，已税石脑油为原料生产的应税消费品，已税润滑油为原料生产的润滑油等连续生产的应税消费品，在征税时按当期生产领用数量计算准予扣除外购或委托加工的应税消费品已纳消费税款。

需要说明的是，外购或委托加工已税酒和酒精生产的酒（包括以外购已税白酒加浆降度，用外购已税的不同品种的白酒勾兑的白酒，用曲香、香精对外购已税白酒进行调香、调味以及外购散装白酒装瓶出售等），已纳税款或受托方代收代缴税款准予抵扣政策于 2001 年 5 月 1 日停止执行。金银首饰消费税由生产环节纳税改为在零售环节纳税以后，纳税人用外购的已税珠宝玉石生产的金银首饰（含镶嵌首饰），在计税时一律不得扣除外购珠宝玉石的已纳税款。

当期准予扣除的外购应税消费品已纳税款有关计算公式如下：

本期应纳消费税额 = 当期销售额 × 消费税税率 – 当期准予扣除的外购应税消费品已纳税款

当期准予扣除的外购应税消费品已纳税款 = 当期准予扣除的外购应税消费品买价 × 外购应税消费品适用税率

当期准予扣除的外购应税消费品买价 = 期初库存 + 当期购进 – 期末库存后的外购应税消费品的买价

当期准予扣除的委托加工应税消费品已纳税款 = 期初库存的委托加工应税消费品已纳税款 + 当期收回的委托加工应税消费品已纳税款 – 期末库存的委托加工应税消费品已纳税款

［例 3—9］如果［例 3—8］中的甲工厂将委托加工的已税消费品全部用于连续生产成应税消费品（最终产品）然后进行销售，取得销售收入 70 万元，适用

税率为30%。假设该消费品属于准予抵扣消费范围，要求计算其应纳消费税额。

【例题解析】委托加工的应税消费品，委托方用于连续生产应税消费品的，所纳税款准予按规定抵扣。

应纳消费税额（最终产品）= 应纳消费税额 = 销售额 × 税率

=70×30%=21（万元）

扣除委托加工原材料的已纳消费税款18万元后，实际应纳消费税额为：

实际应纳消费税额 = 应纳消费税额（最终产品）– 委托加工代收代缴消费税额 =21–18=3（万元）

［例3—10］某日化工厂9月委托甲厂加工应税化妆品原料A，收回时被代扣消费税4万元，委托乙厂加工化妆品原料B，收回时代扣消费税5万元；该厂将两者继续加工生产为二合一化妆品出售，当月销售额为44万元；该厂期初库存的委托加工应税消费品已纳税款2.7万元，期末库存的委托加工应税消费品已纳税款3.3万元。化妆品的消费税率为30%。要求计算该日化工厂9月应纳消费税额。

【例题解析】用外购或委托加工已税原料连续生产的应税消费品，在征税时按当期生产领用数量计算准予扣除外购或委托加工的应税消费品已纳消费税款。

当月准予扣除的委托加工应税消费品已纳税款 = 期初库存的委托加工应税消费品已纳税款 + 当期收回的委托加工应税消费品已纳税款 – 期末库存的委托加工应税消费品已纳税款 =2.7+（4+5）–3.3=8.4（万元）

本月应纳消费税额 = 当期销售额 × 消费税税率 – 当期准予扣除的应税消费品已纳税额 =44×30%–8.4=4.8（万元）

六、进口应税消费品应纳消费税额的计算

进口或代理进口应税消费品的单位和个人为进口应税消费品消费税的纳税义务人，由进口人或者其代理人向报关地海关申报，自海关填发海关进口消费税专用缴款书次日起15日内缴纳税款，由海关代征。

进口应税消费品以进口商品总值为课税对象。这是因为应税消费品报关进口后还没有实现销售，不可能根据实际销售收入征税；如以到岸价格为课税对象，就会使进口应税消费品与国内生产的同种应税消费品的征税依据不一致，从而使进口应税消费品的税负低于国内生产的同种应税消费品的税负。因此，应以进口商品总值为课税对象。进口商品总值具体包括到岸价格、关税和消费

税三部分内容。以进口商品总值为课税对象，可使进口应税消费品与国内生产的同种应税消费品的征税依据一致，税负基本平衡，有利于防止盲目进口，保护国内经济的发展。

进口应税消费品应纳消费税的计算公式如下：

实行从价定率办法计算纳税的组成计税价格公式为：

组成计税价格 =（关税完税价格 + 关税）÷（1– 消费税比例税率）

=[关税完税价格 ×（1+ 适用关税税率）]÷（1– 消费税比例税率）

实行复合计税办法计算纳税的组成计税价格公式为：

组成计税价格 =（关税完税价格 + 关税 + 进口数量 × 消费税定额税率）÷（1– 消费税比例税率）

应纳消费税额 = 组成计税价格 × 消费税税率

关税完税价格是指海关核定的关税计税价格。

实行从量定额办法计算应纳税额的，按海关核定的应税消费品进口征税数量和规定的单位税额计算应纳税额，其计算公式为：

应纳消费税额 = 应税消费品数量 × 消费税单位税额

进口环节消费税，除国务院另有规定者外，一律不得给予减税、免税。

［例 3—11］某公司进口成套化妆品一批，海关核定的关税计税价格为 40 万元，假设关税税率为 40%，消费税税率为 30%。要求计算该公司进口化妆品应纳消费税额。

【例题解析】

组成计税价格 =[关税完税价格 ×（1+ 适用关税税率）]÷（1– 消费税比例税率）

=［40×（1+40%）］÷（1–30%）=80（万元）

应纳消费税额 = 组成计税价格 × 消费税税率

=80×30%=24（万元）

［例 3—12］某企业进口乘用汽车 20 辆，关税完税价格为每辆 12 万元，关税适用税率为 80%，消费税适用税率为 9%。要求计算该企业进口乘用汽车应纳消费税额。

【例题解析】

组成计税价格 =（关税完税价格 + 关税）÷（1– 消费税比例税率）

=（12×20+12×20×80%）÷（1–9%）=474.73（万元）

应纳消费税额 = 组成计税价格 × 消费税税率

=474.73×9%=42.73（万元）

第三节　消费税纳税申报

一、消费税纳税地点

纳税人销售的应税消费品、自产自用应税消费品，除国务院财政、税务主管部门另有规定外，应当向纳税人机构所在地或者居住地的主管税务机关申报纳税。

委托加工的应税消费品，除委托个人加工以外，由受托方向所在地主管税务机关代收代缴消费税税款。委托个人加工的应税消费品，由委托方向其机构所在地或者居住地主管税务机关申报纳税。

进口的应税消费品，由进口人或其代理人向报关地海关申报纳税。

纳税人到外县（市）销售或委托外县（市）代销自产应税消费品的，于应税消费品销售后，回纳税人核算地或者居住地主管税务机关申报纳税。

纳税人的总分支机构不在同一县（市），但在同一省（自治区、直辖市）范围内的，经省（自治区、直辖市）财政厅（局）、国家税务总局审批同意，可以由总机构汇总向总机构所在地的主管税务机关申报纳税。

二、消费税纳税期限

消费税的纳税期限分别为1日、3日、5日、10日、15日、1个月或者1个季度。纳税人的具体纳税期限由主管税务机关根据纳税人应纳税额的大小分别核定；不能按照固定期限纳税的，可以按次纳税。纳税人以1个月或1个季度为一期纳税的，自期满之日起15日内申报纳税；以1日、3日、5日、10日或15日为一期纳税的，自期满之日5日内预缴税款，于次月1日起15日内申报纳税并结清上月应纳税款。

三、消费税纳税环节

消费税是属于生产环节纳税的税种，实行一次课征制，产品一旦出了生产环节进入流通领域，就不再征收消费税。所以，消费税除金银首饰在零售环节征收和卷烟在批发环节加征一道外，其他13项应税消费品均在生产环节征收。为平

衡税负，进口与委托加工环节也应缴纳消费税。根据《消费税暂行条例》规定，纳税环节的具体规定为：

1. 生产销售的应税消费品纳税环节为销售环节。

2. 自产自用的应税消费品纳税环节为移送使用环节。

3. 委托加工的应税消费品，除受托方为个人外，由受托方在交付消费品环节向其机构所在地缴纳消费税款。

4. 进口的应税消费品纳税环节为报关进口环节，由海关代征。

知识链接

金银首饰消费税纳税环节

依据《财政部、国家税务总局关于调整金银首饰消费税纳税环节有关问题的通知》规定，自1995年1月1日起，所有金、银和金基、银基合金首饰，以及金、银和金基、银基合金的镶嵌首饰的消费税，由生产销售环节征收改为零售环节征收（其他首饰仍在生产环节征收消费税）。金银首饰在进口环节和出口环节，以及经中国人民银行总行批准经营金银首饰批发业务的单位将金银首饰销售给同时持有《经营金银制品业务许可证》和《金银首饰购货（加工）管理证明单》的经营单位，均不计算消费税。经营单位进口金银首饰的消费税，由进口环节征收改为在零售环节征收；出口金银首饰由出口退税改为出口不退消费税。

个人携带、邮寄金银首饰进境，仍按海关相关规定征税。

四、消费税纳税申报方法

消费税纳税申报时需填写消费税纳税申报表（见表3—2）。

填写报表时，先根据企业资料填写表头资料，然后根据消费税各税目的涉税情况分别填写应税消费品名称、适用税目、应税销售额（数量）、适用税率（单位税额）等栏目内容。如果申报当期有准予抵扣的消费税，则还需根据外购产品或委托加工产品分别填写准予抵扣的消费税。

在实际工作中，消费税纳税申报表是依据企业本月“应交税费—应交消费税”明细账上的相关数据并结合原始凭证上有关的数量、金额数据分析填列的。

表 3—2　　消费税纳税申报表

税款所属期：　年　月　日至　年　月　日　　　　填表日期：　年　月　日

纳税编码：　　　　纳税人识别号：　　　　金额单位：元（列至角分）

纳税人名称：　　　　地址：　　　　联系电话：

应税消费品名称	适用税目	应税销售额（数量）	适用税率（单位税额）	当期准予扣除外购应税消费品买价（数量）				外购应税消费品适用税率（数量）
				合计	期初库存外购应税消费品买价（数量）	当期购进外购应税消费品买价（数量）	期末库存外购应税消费品买价（数量）	
1	2	3	4	5=6+7-8	6	7	8	9
合计								

应纳消费税		当期准予扣除外购应税消费品已纳税款	当期准予扣除委托加工应税消费品已纳税款			
本期	累计		合计	期初库存委托加工应税消费品已纳税款	当期收回委托加工应税消费品已纳税款	期末库存委托加工应税消费品已纳税款
15=3×4-10 或 3×4-11 或 3×4-10-11	16	10=5×9 或 10=5×9×（1-征减幅度）	11=12+13-14	12	13	14

已纳消费税		本期应补（退）税金额			
本期	累计	合计	上期结算税额	补缴本年度欠税	补缴以前年度欠税
17	18	19=15-26-27	20	21	22

截至上年底累计欠税额	本年度新增欠税额		减免税额	预缴税额	多缴税额
	本期	累计			
23	24	25	26=3×4×征减幅度	27	28

续表

<table>
<tr><td colspan="2">如纳税人填报，由纳税人填写以下各栏</td><td colspan="4">如委托代理人填报，由代理人填写以下各栏</td><td>备注</td></tr>
<tr><td rowspan="3">会计主管：
（签章）</td><td rowspan="3">纳税人：
（公章）</td><td>代理人
名称</td><td></td><td colspan="2" rowspan="2">代理人：（公章）</td><td rowspan="3"></td></tr>
<tr><td>代理人
地址</td><td></td></tr>
<tr><td>经办人</td><td></td><td>电话</td><td></td></tr>
<tr><td colspan="7">以下由税务机关填写</td></tr>
<tr><td>收到申报表日期</td><td colspan="2"></td><td colspan="2">接收人</td><td colspan="2"></td></tr>
</table>

消费税纳税人在办理纳税申报时，如需办理消费税税款抵扣手续，除应按有关规定提供纳税申报所需资料外，还应提供以下资料：

1. 外购应税消费品连续生产应税消费品的，提供外购应税消费品增值税专用发票（抵扣联）原件和复印件。如果外购应税消费品的增值税专用发票属于汇总填开的，除提供增值税专用发票（抵扣联）原件和复印件外，还应提供随同增值税专用发票取得的由销售方开具并加盖财务专用章或发票专用章的销货清单原件和复印件。

2. 委托加工收回应税消费品连续生产应税消费品的，提供代扣代收税款凭证原件和复印件。

3. 进口应税消费品连续生产应税消费品的，提供海关进口消费税专用缴款书原件和复印件。

主管税务机关在受理纳税申报后将以上原件退还纳税人，复印件留存。

练习题

1. 简述消费税的基本概念及特点。
2. 消费税纳税人有什么特殊规定？
3. 简述消费税的税目和税率。
4. 简述消费税应纳税额的计算方法。
5. 简述消费税的纳税申报方法。

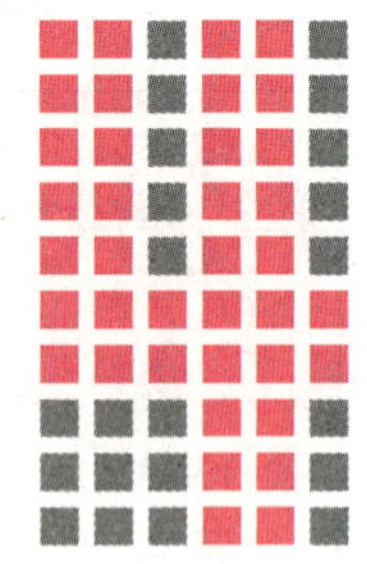

第四章 关税

学习目标

- 了解关税的概念和种类
- 了解关税的征收目的、特点和作用
- 掌握关税的纳税人和纳税范围
- 掌握关税的税目和税率
- 掌握关税计税依据和计算方法
- 了解关税征管和申报制度

第一节 关税概述

一、关税概念

关税是国际通行的税种，是各国根据本国经济和政治需要，用法律形式确定的、由海关对进出口货物和物品在经过一国关境时所征收的一种流转税。

关税是贯彻对外经济贸易政策的重要手段，它在调节经济，促进对外开放，保护民族企业生产，防止国外经济侵袭，争取关税互惠，引领对外贸易发展，增加国家财政收入方面，都具有重要作用。

知识链接

关境与国境

关境与国境是两个概念，它们既有联系，又不完全相同。国境是指一个主权国家行使行政权力的领域范围。关境是指一个主权国家行使关税权力的领域范围。一般情况下，关境等于国境。当存在自由港、自由区、关税同盟国时，关境就有可能大于或小于国境。

二、关税种类

依据不同的标准，关税可以划分为多个种类。

1. 按货物的流向分类

按货物的不同流向分类，关税可分为进口税、出口税和过境税。

（1）进口税

进口税是指海关在外国货物进口时所课征的关税。进口税通常在外国货物进入关境、国境或在外国货物从保税仓库提出运往国内市场时征收。世界各国现行的关税主要是征收进口税。征收进口税的目的在于保护本国市场和增加财政收入。

（2）出口税

出口税是指海关在本国货物出口时所课征的关税。为了降低出口货物的成本，提高本国货物在国际市场上的竞争能力，世界各国一般少征或不征出口税。但为了限制本国某些产品或自然资源的输出，或为了保护本国生产、本国市场供应和增加财政收入以及某些特定的需要，有些国家也征收出口税。

（3）过境税

过境税又称通过税，是对外国货物通过本国国境或关境时征收的一种关税。过境税最早产生并流行于欧洲各国，主要是为了增加国家财政收入而征收的。后由于各国的交通事业发展，竞争激烈，再征收过境税不仅妨碍国际商品流通，而且还减少港口、运输、仓储等方面的收入，于是自19世纪后半期起，各国相继废止征收过境税。

2. 按征收目的分类

按征收目的分类，关税可分为财政关税和保护关税。

（1）财政关税

财政关税又称收入关税，是以增加国家财政收入为主要目的而课征的关税。财政关税的税率比保护关税低，因为过高会阻碍进出口贸易的发展，达不到增加财政收入的目的。随着世界经济的发展，财政关税的意义逐渐减低，而被保护关税所代替。

（2）保护关税

保护关税是以保护本国经济发展为主要目的而课征的关税。保护关税主要是进口税，税率较高，有的高达百分之几百。通过征收高额进口税，使进口商品成本提高，从而削弱其在进口国市场的竞争能力，甚至阻碍其进口，以达到保护本国经济发展的目的。保护关税是实现一个国家对外贸易政策的重要措施之一。

3. 按征税的计税标准分类

按征税的计税标准分类，关税可分为从价关税、从量关税、复合关税、选择关税和滑动关税。

从价关税是以货物的价格为计税标准而计算征收的一种关税。

从量关税是以货物的计量单位为计税标准计算征收的一种关税。

复合关税是对同一种进口货物采用从价与从量两种标准计算征收的一种关税。征税时，或以从价税为主，加征从量税；或以从量税为主，加征从价税。

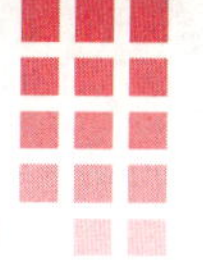

选择关税是对同一种货物，同时规定从价税和从量税两种税率，征税时选择其中的一种进行课征的一种关税。

滑动关税是对某种进口货物规定其价格的上、下限，按国内货价涨落情况，分别采用几种高低不同税率的一种关税。

4. 按税率制定分类

按税率制定分类，关税可分为自主关税和协定关税。

（1）自主关税

自主关税又称国定关税，是一个国家基于其主权，独立自主制定的并有权修订的关税，包括关税税率及各种法规、条例。国定关税税率一般高于协定关税税率，适用于没有签订关税贸易协定的国家。

（2）协定关税

协定关税是指两个或两个以上的国家通过缔结关税贸易协定而制定的关税税率。协定关税有双边协定税率、多边协定税率和片面协定税率。双边协定税率是两个国家达成协议而相互减让的关税税率。多边协定税率是两个以上的国家之间达成协议而相互减让的关税税率，如关税及贸易总协定中的相互减让税率的协议。片面协定税率是一国对他国输入的货物降低税率，为其输入提供方便，而他国并不以降低税率回报的关税税率。

5. 按差别待遇和特定的实施情况分类

按差别待遇和特定的实施情况分类，关税可分为进口附加税、差价税、特惠税和普遍优惠。

进口附加税是指除了征收一般进口税以外，还根据某种目的再加征额外的关税，主要有反补贴税和反倾销税。

差价税又称差额税，是指当某种本国生产的产品国内价格高于同类的进口商品价格时，为了削弱进口商品的竞争能力，保护国内生产和国内市场，按国内价格与进口价格之间的差额征收的关税。

特惠税又称优惠税，是指对某个国家或地区进口的全部商品或部分商品，给予特别优惠的低关税或免税待遇，但它不适用于从非优惠国家或地区进口的商品。特惠税有的是互惠的，有的是非互惠的。

普遍优惠制简称普惠制，是发展中国家在联合国贸易和发展会议上经过长期斗争，在 1968 年通过建立普惠制决议后取得的。该决议规定，发达国家承诺对从发展中国家或地区输入的商品，特别是制成品和半成品，给予普遍的、非歧视性的和非互惠的优惠关税待遇。

我国目前对进出境货物征收的关税为进口关税和出口关税。

三、关税特点

关税是一种单一环节的价外税，也是一种间接税。关税的纳税主体是进出口贸易商，征税对象是进出口货物和物品。关税涉外性强，是对外贸易政策的重要手段。关税的特点主要表现为以下五个方面。

1. 纳税上的统一性和一次性

关税是按照全国统一的进出口关税条例和税则征收，在征收一次性关税后，货物就可以在整个关境内流通，不再另行征收关税。

2. 征收上的过“关”性

关税是以货物是否通过关境为标准。凡是进出关境的货物才征收关税；凡未进出关境的货物则不属于关税的征税对象。

3. 税率上的复式性

关税在税率上，对同一进口货物设置优惠税率和普通税率。优惠税率是一般的、正常的税率，适用于同我国订有贸易互利条约或协定的国家；普通税率适用于同我国没有签订贸易条约或协定的国家。这种复式税充分反映了关税具有维护国家主权、平等互利发展国际贸易往来和经济技术合作的特点。

4. 征管上的权威性

关税是通过海关执行的。海关是设在关境上的国家行政管理机构，是贯彻执行本国有关进出口政策、法令和规章的重要工具，其任务是根据有关政策、法令和规章，对进出口货物、货币、金银、行李、邮件、运输工具等实行监督管理，征收关税，查禁走私货物，临时保管通关货物和统计进出口商品。

5. 对进出口贸易的调节性

许多国家通过制定和调整关税税率来调节进出口贸易。在出口方面，通过低

税、免税和退税来鼓励商品出口；在进口方面，通过税率的高低、减免来调节商品的进口。

四、课征关税的作用

1. 维护国家主权和经济利益

对进出口货物征收关税，表面上看似乎只是一个与对外贸易相联系的税收问题，其实一国采取什么样的关税政策直接关系到国与国之间的主权和经济利益。历史发展到今天，关税已成为各国政府维护本国政治、经济权益，乃至进行国际经济斗争的一个重要武器。我国根据平等互利原则和对等原则，通过关税复式税则的运用等方式，争取国际间的关税互惠并反对他国对我国进行关税歧视，促进对外经济技术交往，扩大对外经济合作。

2. 保护和促进本国工农业生产的发展

一个国家采取什么样的关税政策，是实行自由贸易，还是采用保护关税政策，是由该国的经济发展水平、产业结构状况、国际贸易收支状况以及参与国际经济竞争的能力等多种因素决定的。国际上许多发展经济学家认为，自由贸易政策不适合发展中国家的情况。相反，这些国家为了顺利地发展民族经济，实现工业化，必须实行保护关税政策。我国作为发展中国家，一直十分重视利用关税保护本国的“幼稚工业”，促进进口替代工业发展，而关税在保护和促进本国工农业生产的发展方面发挥了重要作用。

3. 调节国民经济和对外贸易

关税是国家的重要经济杠杆，通过税率的高低和关税的减免，可以影响进出口规模，调节国民经济活动。例如，调节出口产品和出口产品生产企业的利润水平，有意识地引导产品的生产；调节进出口商品数量和结构，促进国内市场商品的供需平衡，稳定国内市场物价等。

4. 筹集国家财政收入

从世界大多数国家尤其是发达国家的税制结构分析，关税收入在整个财政收入中的比重不大，并呈下降趋势。但是，一些发展中国家，尤其那些国内工业不发达、工商税源有限、国民经济主要依赖于某种或某几种初级资源产品出口，以及国内许多消费品主要依赖于进口的国家，征收进出口关税仍然是它们取得财政收入的重要渠道之一。我国关税收入是财政收入的重要组成部分。新中国成立以来，关税为经济建设提供了可观的财政资金。目前，发挥关税在筹集国家建设资金方面的作用，仍然是我国关税政策的一项重要内容。

五、关税征税对象、纳税人和纳税范围

1. 征税对象

关税的征税对象为进出国境或关境的货物或物品。货物是指贸易性商品，物品则包括出入境旅客随身携带的行李物品、个人邮递物品、各种运输工具上服务人员携带的自用物品、馈赠物品及以其他方式出入国境的个人物品。

关税对有形货品征税，对无形货品不征税。

2. 纳税人

贸易性商品的关税纳税人为进出口货物的收货人、发货人或委托代理人，物品的关税纳税人为物品持有人、所有人或收件人，见表4—1。

表4—1 关税纳税人

纳 税 人	具 体 范 围
贸易性商品（货物）的纳税人	外贸进出口公司
	工贸或农贸结合的进出口公司
	其他经批准经营进出口商品的企业
物品的纳税人	入境旅客随身携带的行李或物品的持有人
	进口个人邮件的收件人
	在各种运输工具上入境时携带的自用物品的持有人
	馈赠物品以及以其他方式入境的个人物品的持有人

六、关税税则、税目和税率

1. 关税税则

关税税则又称海关税则，它是一国对进出口商品计征关税的规章和对进出口的应税与免税商品加以系统分类的一览表。关税税则是关税政策的具体体现，海

关凭以征收关税。

关税税则分为单式税则和复式税则两种。单式税则是指一个税目只有一个税率，适用于来自任何国家同类商品的进口，没有差别待遇。复式税则是指一个税目有两个以上税率，对来自不同国家的进口商品使用不同税率。各国复式税则不同，有二、三、四、五栏不等，设有普通税率、最惠国税率、协定税率、特惠税率等，一般普通税率最高，特惠税率最低。

2. 关税税目

关税税目就是课税对象的具体税则。根据《中华人民共和国海关进出口税则》规定，我国进出口商品的关税税目经调整后共有 8 547 个。

3. 关税税率

关税税率是指海关税则规定的对课征对象征税时计算税额的比例。关税税率比较复杂，根据不同货物和不同国家，采取差别比例税率。

（1）关税税率的设置

1）法定税率。我国进口关税的法定税率包括最惠国税率、协定税率、特惠税率和普通税率。

最惠国税率适用原产于与我国共同适用最惠国待遇条款的世界贸易组织成员国或地区的进口货物，或原产于与我国签订有相互给予最惠国待遇条款的双边贸易协定的国家或地区的进口货物，以及原产于中华人民共和国境内的进口货物。

协定税率适用原产于与我国签订含关税优惠条款的区域性贸易协定的有关缔约方的进口货物。目前，我国对原产于韩国、斯里兰卡和孟加拉国 3 个曼谷协定成员国的 739 个税目的进口商品实行曼谷协定税率。

特惠税率适用原产于与我国签订特殊优惠关税协定的国家或地区的进口货物。目前，我国对原产于孟加拉国的 18 个税目的进口商品实行曼谷协定特惠税率。

普通税率适用原产于上述国家或地区以外的国家和地区的进口货物，或者原产地不明的国家或者地区的进口货物。

2）暂定税率。根据《中华人民共和国进出口关税条例》（以下简称《进出口关税条例》）规定，对特定进出口货物，可以实行暂定税率。实施暂定税率的货物、税率、期限，由国务院关税税则委员会决定，海关总署公布。

3）配额税率。关税配额制度是国际通行的惯例，这是一种在一定数量内进口实行低关税，超过规定数量就实行高关税的办法。

4）特别关税税率。根据《进出口关税条例》规定，特别关税包括报复性关税、反倾销税、反补贴税、保障性关税和其他特别关税。任何国家或者地区对其进口的原产于中华人民共和国的货物征收歧视性关税或者给予歧视性待遇的，海关对原产于该国家或者地区的进口货物，可以按特别关税税率征收。

（2）关税税率的相关规定

1）国家为了发展出口贸易，保护国内资源，优化出口商品结构，除了对需要限制出口的极少数原材料及半成品等 35 种商品征收出口关税外，其他绝大多数商品都免征出口关税，出口关税税率在 20% ~ 50% 之间。

2）我国现行对于行李和邮递物品的进口税税率分别为 15%、30% 和 60%。其中，15% 主要为最惠国税率为零的商品，60% 主要为征收消费税的高档消费品，其他商品归入 30%，如图书之类的商品适用税率为 10%，一些电子商品适用税率为 20%。根据海关相关规定，个人入境商品总值在 5 000 元以下的，可以免税放行。

七、关税的减免政策

我国关税的减免政策由法定减免、特定减免和临时减免三部分组成。

1. 法定减免

法定减免是指根据《中华人民共和国海关法》（以下简称《海关法》）和《进出口关税条例》列明予以减免的，如国际组织、外国政府无偿赠送的物资，中华人民共和国缔结或者参加的国际条约规定减征、免征的货物、物品，来料加工、补偿贸易进口的原材料等。

《海关法》规定的法定减免有以下六种货物、物品：①无商业价值的广告品和货样；②外国政府、国际组织无偿赠送的物资；③在海关放行前遭受损坏或者损失的货物；④规定数额以内的物品及法律规定减征、免征的其他货物、物品；⑤中华人民共和国缔结或者参加的国际条约规定减征、免征关税的货物、物品；⑥经海关批准暂时进口或者暂时出口的货物，以及特准进口的保税货物，在货物收、发货人向海关缴纳相当于税款的保证金或者提供担保后，准予暂时免纳关税。

2. 特定减免

特定减免是按照《海关法》和《进出口关税条例》的规定，给予经济特区等

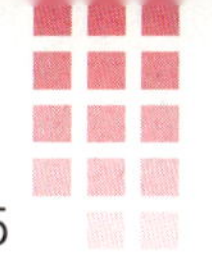

特定地区进出口的货物，中外合资经营企业、中外合作经营企业、外商独资企业等特定企业进出口的货物，以及其他依法给予关税减免优惠的进出口货物以减免关税优惠。

3. 临时减免

临时减免是指国家根据国内生产和国际市场行情变化，确定对某一类和几种商品在一定时限内临时降低或取消关税。

第二节 关税应纳税额计算

一、关税的计税依据

关税以进出口货物的完税价格为计税依据。

进出口货物的完税价格，由海关以该货物的成交价格为基础审查确定。如果成交价格中未包括在该货物实付、应付价格中的由买方负担的除购货佣金以外的佣金和经纪费，与该货物视为一体的容器费用、包装材料费用和包装劳务费用，买方需向卖方或者有关方直接或者间接支付的与该进口货物有关的特许权使用费，卖方直接或者间接从买方对该货物进口后销售或处置或使用所得中获得的收益等费用或者价值，则应当计入完税价格。

当成交价格不能确定时，由海关依法审查确定该货物的完税价格。

完税价格一般分为进口货物的完税价格和出口货物的完税价格两种。根据我国《进出口关税条例》规定，进口货物以海关审定的到岸价格作为完税价格（包括货物的货价、货物运抵中华人民共和国境内输入地点起卸前的运输及其相关费用、保险费，但其中包含的出口关税税额应当予以扣除）。出口货物以海关审定的离岸价格扣除出口关税作为完税价格。

1. 进口货物的完税价格

一般贸易项下进口的货物以海关审定的成交价格为基础的到岸价格作为完税价格。进口货物的到岸价格经过海关审定未能确定的，海关可以以下列价格为基础估定完税价格：

（1）从该进口货物同一出口国或者地区购进的，相同或者类似货物的成交价格。

（2）该进口货物的相同或者类似货物在国际市场上的成交价格。

（3）该进口货物的相同或者类似货物在国内市场上的批发价格减去进口关税、进口环节其他税收和进口后的运输、储存、营业费用及利润后的价格。

（4）海关用其他合理方法估定的价格。

纳税人向海关申报的价格并不一定等于完税价格，只有经过海关审核并接受的申报价格才能作为完税价格。

但下列费用，如单独计价，且已包括在进口货物的成交价格中，经海关审查属实的，可以从完税价格中扣除：

第一，进口人向其境外采购代理人支付的买方佣金。

第二，卖方付给买方的正常回扣。

第三，工业设施、机械设备类货物进口后基建、安装、装配、调试或技术指导的费用。

2. 出口货物的完税价格

出口货物应当以海关审定的货物售与境外的离岸价格扣除出口关税后作为完税价格。离岸价格应当按照应税出口货物运离出境前的最后一个口岸的离岸价格计算，具体包括货价、货物运至我国境内输出地点装载前的运输及相关费用、保险费，不包括出口关税税额。

当离岸价格不能确定时，完税价格由海关估定。

二、关税的计税方法

关税的计税方法是以进出口货物的完税价格或货物数量为计税依据，按规定的适用税率或单位税额，以从价计征、从量计征或者国家规定的其他方式计算征收。

1. 从价关税的计税方法

（1）从价关税的含义及公式

从价关税是以经海关审定的进出口货物价格（称为海关完税价格、海关价格或海关估价）为计税依据，按税则中规定的适用税率计征的关税。从价关税采用从价原则，按价格的一定百分比征收。关税税额随价格的上升而增加，随价格的下降而减少，关税收入直接与价格挂钩。

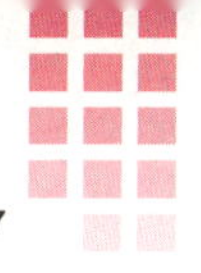

完税价格乘以税率即为应纳关税额，其计算公式如下：

应纳关税额 = 货物完税价格 × 适用税率

正常征收的进口关税税额适用税率为法定进口关税税率，减税征收的进口关税税额适用税率为减按进口关税税率。

（2）从价关税的完税价格

目前许多国家都以商品的实际价格，即在某一时间和地点，在正常贸易过程中、在自由竞争条件下的商品成交价格作为完税的价格。各国采用的完税价格很不一致，从进口税的征收来看，完税价格一般采用：①到岸价格（CIF），即成本加运费价格加保险费；②离岸价格（FOB），即装运港船上交货价格，也是出产地、发运地市场价格；③法定价格。

从价关税随着商品价格的升降而变化，价格上升时，税额增加，保护作用大；价格下降时，税额减少，保护作用小。《关税及贸易总协定》缔约国之间征收进口关税一般遵循国际惯例，采用到岸价格（CIF）征收从价关税。

（3）从价关税的计算程序

1）按照归类原则确定税则归类，将应税货物归入恰当的税目税号。

2）根据原产地规则，确定应税货物所适用的税率。

3）根据完税价格审定办法和规定，确定应税货物的完税价格。

4）根据汇率使用原则，将外币折算成人民币。

5）按照计算公式正确计算应征税款。

知识链接

从价关税的优缺点

从价关税的优点：税负比较合理，同一种进口商品，质量高，价格高，税额也高，质量低，价格低，税额也低；物价上涨或下落时，按税则中规定的税率（比例）计征，税额相应增加或减少，关税的财政作用和保护作用均不受影响；从价税率以百分数表示，对关税的保护程度或关税水平等作数量上的计算与衡量，有利于对各国的关税进行比较和在国际间关税谈判时应用。

从价关税的缺点：海关估价工作比较复杂，费人费事，需要一定的专业技术。

由于从价关税优点较多，尤其是在世界各国的物价普遍上涨的条件下，从量税的适用性越来越小，因此目前世界各国除极少数国家外，都使用从价关税，或以使用从价关税为主。但也有些国家对同一个税目中的商品使用从价和从量两种计税方法，以取长补短。

［例 4—1］某进出口公司从日本进口甲醇，进口申报价格为 580 000 美元。当日美元与人民币汇率（中间价）为 1:6.65；税则号列：甲醇税率 12%。要求计算其应纳关税额。

【例题解析】从价计征关税为完税价格乘以关税税率。

（1）甲醇的完税价格 =580 000 × 6.65=385.7（万元）

（2）应纳关税额 = 完税价格 × 进口关税税率

=385.7 × 12%=46.284（万元）

2. 从量关税的计税方法

（1）从量关税的含义及公式

根据进出口税则，从量关税是以进口商品的数量、体积、重量等计量单位为计税基准的一种计征关税的方法。具体做法是，分别对不同税目的商品按本国通用的计量单位制定出其每单位应税金额，根据进出口商品的实际单位数量计算其应征税款。

从量关税计算公式如下：

应纳关税额 = 应税进（出）口货物数量 × 单位货物税额

（2）从量关税计算程序

1）按照归类原则确定税则归类，将应税货物归入恰当的税目税号。

2）根据原产地规则，确定应税货物所适用的税率。

3）确定其实际进口量。

4）根据完税价格审定办法、规定，确定应税货物的完税价格。

5）根据汇率使用原则，将外币折算成人民币。

6）按照计算公式正确计算应征税款。

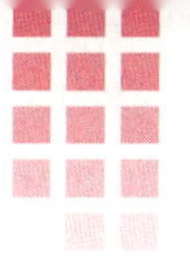

知识链接

从量关税的优缺点

与从价关税相比，从量关税的优点是征税手续简便，容易计算，只核对货物的名称和数量即可计算出税款；因其每单位的税额固定，对质次价廉的低档商品与质优价高的商品征收同样的税款，进口低档商品相对利润较低，因此，抑制进口的作用较大，各国经常用它来抵制廉价商品的进口。

从量关税的缺点是对同一种商品不论其价高价低、质优质次，均按同一税率征税，税负不太合理；因单位税额是固定的，物价变动时很难及时调整，尤其是在物价上涨时，税负相对降低，其保护作用和财政作用均会减弱；从量关税对每类商品必须事先制定出应税金额，有些商品不便使用，如艺术、珍物等销售价格变动幅度很大的商品和一些事先无价可资查考的新产品，适用性小；制定税则时需对种类庞杂的每种商品分别确定其每单位的应税金额，费时费力。

从量关税因其征税手续简便，在一个很长的历史阶段中曾被各国大量使用。但近些年来各国物价上涨已经成为经常趋势，从量关税的缺点显得突出，因此，目前除个别国家仍全部使用从量关税外，大部分国家都改用从价关税，或以从价关税为主，从量关税为辅。有些国家对个别税目使用从价从量复合税或选择税。

［例 4—2］国内某公司从香港购进彩色胶卷 50 400 卷（规格 135/36，此规格 1 卷 =0.057 75 m^2），成交价格为境内某口岸到岸价 10.00 元港币 / 卷，当天港币与人民币汇率为 1:1.10。经查税则归类，彩色胶卷归入税目税号 3 702.541，原产地香港适用最惠国税率 155 元 / m^2。要求计算该公司应纳进口关税额。

【例题解析】从量计征关税为：应税进（出）口货物数量乘以单位货物税额。

（1）根据税率要求，进行单位换算确定应税进口货物数量

实际进口量 =50 400×0.057 75=2 910.6（m^2）

（2）计算应纳关税额

应纳关税额 = 应税进（出）口货物数量 × 单位货物税额

=2 910.6×155=451 143（万元）

3. 复合关税的计税方法

（1）复合关税的含义及公式

复合关税是对同一进口货物或物品既征收从价税，又征收从量税，即采用从量税和从价税同时征收的一种方法。

复合关税可以分为两种：一种是以从量税为主加征从价税；另一种是以从价税为主加征从量税。这种税制有利于为政府取得稳定可靠的财政收入，也有利于发挥各种税的不同调节功能。现代各国普遍采用复合税制，我国现行税制也是复合税制。复合关税计算公式为：

复合税额 = 从量税额 + 从价税额

= 应税进口货物数量 × 关税单位税额 + 应税进口货物数量 × 单位完税价格 × 适用税率

（2）复合关税计算程序

1）按照归类原则确定税则归类，将应税货物归入恰当的税目税号。

2）根据原产地规则，确定应税货物所适用的税率。

3）确定其实际进口量。

4）根据完税价格审定办法、规定，确定应税货物的完税价格。

5）根据汇率使用原则，将外币折算成人民币。

6）按照计算公式正确计算应征税款。

知识链接

复合关税的优缺点

复合关税的主要优点是可以广辟税源，能够充分而有弹性地满足国家财政需要；便于发挥各个税种特定的经济调节作用，可以全面体现国家进出口政策；征税范围较为广阔，有利于实现公平税负目标。缺点是从价税额与从量税额的比例难以确定。

［例 4—3］国内某公司从美国购进某种医用设备 20 台，其中有 10 台成交价格为 CIF 境内 A 口岸 5 000 美元 / 台，其余 10 台成交价格为 CIF 境内 B 口岸 10 000 美元 / 台，已知外币折算率 1 美元 = 人民币 8.2 元。确定税则归类，该批设备归入税目税号 8 525.309 9。原产国美国适用税率，其中 CIF 境内 A 口岸 5 000 美元 / 台的

关税税率为单一从价税 35%；CIF 境内 B 口岸 10 000 美元 / 台的关税税率为复合关税，即每台 13 280 元人民币从量税再加 3% 的从价关税。要求计算该公司应纳关税额。

【例题解析】复合关税是对同一进口货物或物品既征收从价税，又征收从量税。

（1）A 口岸设备完税价 =5 000×10×8.2=41（万元）

B 口岸设备完税价 =10 000×10×8.2=82（万元）

（2）计算各口岸进口设备关税

1）A 口岸进口设备采用单一从价关税。

应纳关税额 = 货物完税价格 × 适用关税税率

=41×35%=14.35（万元）

2）B 口岸进口设备采用复合关税。

应纳关税额 = 商品进口数量 × 从量关税税额 + 完税价格 × 关税税率

=10×1.328+82×3%=15.74（万元）

（3）该公司应纳关税额 =A 口岸进口设备关税 +B 口岸进口设备关税

=14.35+15.74=30.09（万元）

4. 出口关税的计税方法

（1）出口关税的含义及公式

出口关税是指出口国海关根据关税税则对出口货物和物品所征收的关税。中国海关进出口税则目前对涉及大约 47 个税号的商品规定征收出口关税。出口货物的关税税率为单一税则制，即只使用一种税率。目前，出口关税名义税率最高为 100%，最低为 10%。出口货物应当按照货物的发货人或者其代理人、申报人出口之日实施的税则税率征税。

我国出口关税计算方法有从价和从量征收两种计征标准。

出口货物从价征收关税计算公式为：

出口关税 = 完税价格 × 出口关税税率

=FOB÷（1+ 出口关税税率）× 出口关税税率

=（CIF－保险费－运费）÷（1+ 出口关税税率）× 出口关税税率

=（CFR－运费）÷（1+ 出口关税税率）× 出口关税税率

其中：FOB 为离岸价格，CIF 为到岸价格，CFR 为成本加运费。

出口货物从量征收关税计算公式为：

应征出口关税额 = 货品数量 × 单位税额

出口货物成交价格中含有支付给国外的佣金，如与货物的 FOB 价格分列，应予以扣除；如未单独列明的，则不予扣除。出口货物的 FOB 价格，应以该项货物运离关境前的最后一个口岸的 FOB 价格为实际 FOB 价格。

（2）出口关税的计算程序

1）按照归类原则确定税则归类，将应税货物归入恰当的税目税号。

2）根据完税价格审定办法、规定，确定应税货物的完税价格或实际出口数量。

3）根据汇率使用原则和税率使用原则，将外币折算成人民币。

4）按照计算公式正确计算应征出口关税税款。

［例 4—4］国内企业从广州出境合金生铁一批，申报出口量 2 960 吨，每吨价格为 FOB 广州 99 美元，已知汇率 1 美元 = 人民币 6.2 元。经查出口关税税率为 20%。要求计算该企业出口关税。

【例题解析】

出口关税 =FOB ÷（1+ 出口关税税率）× 出口关税税率

=2 960 × 99 × 6.2 ÷（1+20%）× 20%=30.28（万元）

第三节　关税征管与申报

一、关税纳税申报

进口货物的纳税人应当从运输工具申报进境之日起 14 日内，出口货物的纳税人除了海关特准的以外，应当在货物运抵海关监管区以后、装货的 24 小时以前，向货物的进出境地海关申报。

纳税人在货物实际进出口以前，可以按照有关规定向海关申请对进出口货物进行商品预归类、价格预审核或者原产地预确定。海关审核确定以后，应当书面通知纳税人，并在货物实际进出口时认可。

纳税人应当依法如实向海关申报，并按照海关的规定提供有关确定完税价格、进行商品归类、确定原产地和采取反倾销、反补贴或者保障措施等所需的资料。必要时，海关可以要求纳税人补充申报，纳税人也可以主动要求补充申报。

纳税人应当按照进出口税则规定的目录条文和归类总规则、类注、章注、子目注释以及其他归类注释，对其申报的进出口货物进行商品归类，并归入相应的

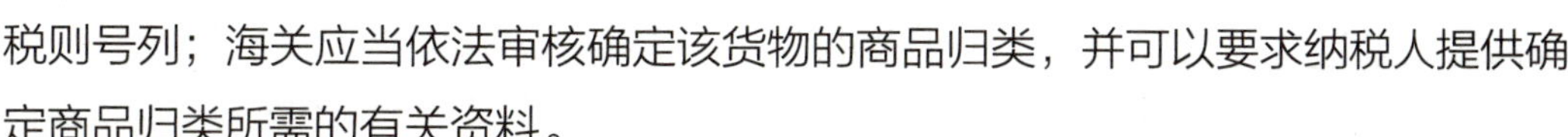

税则号列；海关应当依法审核确定该货物的商品归类，并可以要求纳税人提供确定商品归类所需的有关资料。

二、关税税款缴纳

关税税款缴纳是保证国家关税收入的重要环节，必须依法实施管理，要求海关依法征收，同时要求纳税人依法缴纳。为了保证国家关税的收入，海关在关税征收和缴纳过程中还可以依法采取一定的强制措施。《海关法》做出以下几项规定：

1. 进出口货物的纳税义务人，应当自海关填发税款缴款书之日起 15 日内缴纳税款。

2. 未按上述规定期限缴纳税款而逾期缴纳的，由海关征收滞纳金。

3. 纳税义务人、担保人超过 3 个月仍未缴纳的，经直属海关关长或者其授权的隶属海关关长批准，海关可以采取下列强制措施：

（1）书面通知其开户银行或者其他金融机构从其存款中扣缴税款。

（2）将应税货物依法变卖，以变卖所得抵缴税款。

（3）扣留并依法变卖其价值相当于应纳税款的货物或者其他财产，以变卖所得抵缴税款。

4. 海关采取强制措施时，对前述所列的纳税义务人、担保人未缴纳的滞纳金同时强制执行。

5. 进出境物品的纳税义务人，应当在物品放行前缴纳税款。

三、关税税收保全措施

为了保证国家的关税收入，海关需要依《海关法》规定采取税收保全措施。

1. 采取税收保全措施的对象和权限

税收保全措施是指进出口货物的纳税义务人在规定的纳税期限内有明显的转移、藏匿其应税货物以及其他财产迹象的，海关可以责令纳税义务人提供担保；纳税义务人不能提供纳税担保的，经直属海关关长或者其授权的隶属海关关长批准，海关可以采取税收保全措施。

2. 税收保全措施的内容

《海关法》对此规定：一是书面通知纳税义务人开户银行或者其他金融机构

暂停支付纳税义务人相当于应纳税款的存款；二是扣留纳税义务人价值相当于应纳税款的货物或者其他财产。

3. 税收保全措施的解除和税款扣缴、抵缴

在采取税收保全措施之后，纳税义务人在规定的纳税期限内缴纳税款的，海关必须立即解除税收保全措施。而纳税义务人在规定的纳税期限届满仍未缴纳税款的，经直属海关关长或者其授权的隶属海关关长批准，海关可以书面通知纳税义务人开户银行或者其他金融机构从其暂停支付的存款中扣缴税款，或者依法变卖所扣留的货物或者其他财产，以变卖所得抵缴税款。

4. 税收保全措施不当的赔偿责任

对纳税义务人采取税收保全措施应当依法进行，涉及纳税义务人的合法权益也应当依法保护。如果采取税收保全措施不当，或者纳税义务人在规定期限内已缴纳税款，海关未立即解除税收保全措施，致使纳税义务人的合法权益受到损失的，海关应当依法承担赔偿责任。

四、关税补征、追征和退还

关税的补征、追征和退还是在关税征收过程中出现的三种情况，在《海关法》中分别做出了规定：

1. 补征

补征是指在进出口货物、进出境物品放行后，海关发现少征或者漏征税款，应当自缴纳税款或者货物、物品放行之日起 1 年内，向纳税义务人补征。

2. 追征

追征是指因纳税义务人违反规定而造成的少征或者漏征税款，海关可以在 3 年内进行追征。

3. 多征退还

多征退还是指海关多征了税款，如果海关发现后则应当立即退还原纳税义务人；纳税义务人如果知道有多征情况的，则从缴纳税款之日起 1 年内，可以要

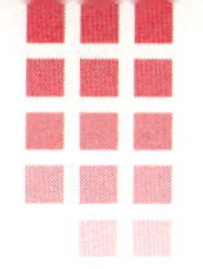

求海关退还多征的税款。

五、纳税争议的解决

《海关法》规定："纳税义务人同海关发生纳税争议时，应当缴纳税款，并可以申请行政复议；税务当事人对复议决定仍不服的，可以依法向人民法院提起诉讼。"这项法律规定中所明确的行政复议，是一种海关行政复议。具体来说，就是税务当事人（在《海关法》中规定为纳税义务人），对海关的具体行政行为提出复查的申请，要求复议机关对其合法性和适当性进行审查并做出裁决，如果对这个复议决定不服的，纳税义务人有权提起诉讼。有关这方面的法律根据，主要为《中华人民共和国行政诉讼法》《中华人民共和国行政复议法》，以及有关的行政复议的实施办法。在有关关税征收管理的行政复议、行政诉讼中，应坚持的原则是依法征收关税原则，制止和纠正征收管理中的违法行为、不当行为，维护纳税义务人的合法权益，维护国家的利益。

六、关税后纳制

关税后纳制是海关允许某些纳税人在办理了有关关税手续后，先行办理放行货物的手续，然后再办理征纳关税的海关制度。关税后纳制是在通常的基本纳税方式的基础上，对某些易腐、急需或有关手续无法立即办结等特殊情况采取的一种变通措施。海关在提取货样、收取保证金或接受纳税人其他担保后即可放行有关货物。关税后纳制使海关有充足的时间准确地进行关税税则归类，审定货物完税价格，确定其原产地等作业，或使纳税人有时间完成有关手续，防止口岸积压货物，使进出境货物尽早投入使用。

练习题

1. 什么是关税？关税的征税对象有哪些？
2. 简述关税的种类。
3. 什么是关税的税收保全措施？
4. 关税的减免政策有哪些？
5. 《海关法》中规定的补征、追征和退还指的是什么？请简要说明。

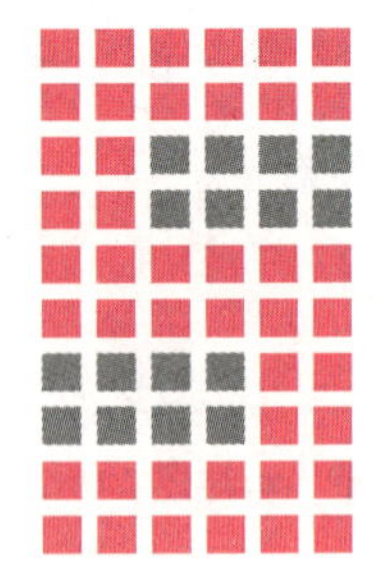

第五章
企业所得税

学习目标

- 掌握企业所得税的纳税人和征税对象
- 了解企业所得税的特点
- 掌握企业所得税的税率
- 掌握企业所得税应纳税额的计算方法
- 了解企业所得税的纳税申报方法

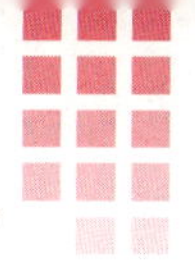

第一节 企业所得税概述

一、企业所得税概念

企业所得税是指对中华人民共和国境内企业和其他取得收入的组织的生产经营所得和其他所得，包括来源于中国境内、境外所得纯收益额所征收的一种税。

二、企业所得税纳税人

中华人民共和国境内企业和其他取得收入的组织为企业所得税的纳税人，包括居民企业和非居民企业，但不包括居民企业中的个人独资企业和合伙企业。

1. 居民企业

居民企业是指依法在中国境内成立的企业、事业单位、社会团体和其他取得收入的组织或者依照外国（地区）法律成立，但实际管理机构在中国境内的企业和其他取得收入的组织。

2. 非居民企业

非居民企业是指依照外国（地区）法律成立且实际管理机构不在中国境内，但在中国境内设立机构、场所的，或者在中国境内未设立机构、场所，有来源于中国境内所得的企业。实际管理机构是指对企业的生产经营、人员、账务、财产等实施实质性全面管理和控制的机构。

三、企业所得税征税对象

企业所得税的征税对象是企业的生产、经营所得和其他所得。

1. 居民企业所得税的征税对象

居民企业所得税的征税对象是指来源于中国境内、境外的所得，包括销售货物所得、提供劳务所得、转让财产所得、股息红利等权益性投资所得、利息所得、租金所得、特许权使用费所得、接受捐赠所得和其他所得。

2. 非居民企业所得税的征税对象

非居民企业所得税的征税对象是指在中国境内设立机构、场所的，应当就其所设机构、场所取得的来源于中国境内的所得，以及发生在中国境外但与其在中国境内所设机构、场所有实际联系的所得为征税对象。在中国境内未设立机构、场所的，或者虽设立机构、场所但取得的所得与其所设机构、场所没有实际联系的，就其来源于中国境内的所得为征税对象。

知识链接

所得来源地的确定

企业来源于中国境内和境外的所得，其境内和境外的区分，按照以下原则确定：

1. 销售货物、提供劳务所得，按照交易和劳务发生地确定。
2. 不动产转让所得，按照不动产所在地确定。动产转让所得，按照转让动产的企业或者机构、场所所在地确定。
3. 权益性投资资产转让所得，按照被投资企业所在地确定。
4. 股息、红利等权益性投资所得，按照分配所得的企业所在地确定。
5. 利息、租金、特许权使用费所得，按照负担、支付所得的企业或者机构、场所所在地确定，或者按照负担、支付所得的个人住所地确定。

四、企业所得税特点

企业所得税是世界各国普遍征收的税种。它除了一般税收的强制性、无偿性和固定性的共同特点外，还具有以下特点：

1. 征税范围广

在中华人民共和国境内，企业和其他取得收入的组织都是企业所得税的纳税人，都要依照税法的规定缴纳企业所得税。企业所得税的征税对象包括生产经营所得和其他所得。前者通常是指企业从事产品生产、交通运输、商品流通、劳务服务和其他营利活动等取得的所得；后者通常是指提供资金或财产取得的所得，包括利息、股息、红利、租金、转让资产收益和特许权使用费等所得。因此，企业所得税具有征收上的广泛性。

2. 税负公平

企业所得税对企业，不分所有制，不分地区、行业和层次，实行统一的比例税率。在普遍征收的基础上，能使各类企业税负较为公平。由于企业所得税是对企业的经营净收入（也称经营所得）征收的，所以企业一般都具有所得税的承受能力，而且企业所得税的负担水平与纳税人所得多少直接关联，即“所得多的多征，所得少的少征，无所得的不征”，因此，企业所得税是能够较好体现公平税负和税收中性的一个良性税种。

3. 约束力强

企业所得税的税基是应纳税所得额，即纳税人每个纳税年度的收入总额减去准予扣除项目金额之后的余额。其中，准予扣除的项目主要是指成本和费用，包括工资支出、原材料支出、固定资产折旧和无形资产摊销等。所得税的计税涉及纳税人财务会计核算的各个方面，与企业会计核算关系密切。为了保护税基，企业所得税明确了收入总额、扣除项目金额的确定以及资产的税务处理等内容，使应税所得额的计算相对独立于企业的会计核算，体现了税法的强制性与统一性。

4. 税负直接，不易转嫁

企业所得税属于企业的终端税种，纳税人缴纳的所得税一般不易转嫁，而由纳税人自己负担。在会计利润总额的基础上，扣除企业所得税后的余额为企业生产经营的净利润。

五、企业所得税税率

企业所得税的税率是指据以计算企业所得税应纳税额的法定比率。

根据《中华人民共和国企业所得税法》（以下简称《企业所得税法》）规定：一般企业所得税的税率为 25%。非居民企业在中国境内未设立机构、场所的，或者虽设立机构、场所但取得的所得与其所设机构、场所没有实际联系的，就其来源于中国境内的所得缴纳企业所得税的适用税率为 20%。居民企业中符合条件的小型微利企业减按 20% 税率征税。国家重点扶持的高新技术企业减按 15% 税率征税。

六、企业所得税税收优惠政策

企业所得税的税收优惠政策是指为了照顾某些纳税人的特殊情况而给予的减征或免征所得税的规定。

1. 扶持农、林、牧、渔业发展的税收优惠

企业从事农、林、牧、渔业项目的所得可以免征、减征企业所得税。

其中，免征企业所得税的所得为：①蔬菜、谷物、薯类、油料、豆类、棉花、麻类、糖料、水果、坚果的种植；②农作物新品种的选育；③中药材的种植；④林木的培育和种植；⑤牲畜、家禽的饲养；⑥林产品的采集；⑦灌溉、农产品初加工、兽医、农技推广、农机作业和维修等农、林、牧、渔业项目；⑧远洋捕捞。

减半征收企业所得税的所得为：①花卉、茶以及其他饮料作物和香料作物的种植；②海水养殖、内陆养殖。

2. 关于鼓励基础设施建设的税收优惠

企业从事国家重点扶持的公共基础设施项目投资经营的所得，自项目取得第一笔生产经营收入所属纳税年度起，给予第一年至第三年企业免征所得税，第四年至第六年减半征收企业所得税的“三免三减半”的优惠。公共基础设施项目主要是指港口码头、机场、铁路、公路、城市公共交通、电力、水利等项目，具体包含项目在《公共基础设施项目企业所得税优惠目录》中予以确定。

3. 关于支持环境保护、节能节水、资源综合利用、安全生产的税收优惠

企业从事公共污水处理、公共垃圾处理、沼气综合开发利用、节能减排技术改造、海水淡化等项目的所得，自项目取得第一笔生产经营收入所属纳税年度起，给予“三免三减半”的优惠。

企业以《资源综合利用企业所得税优惠目录》规定的资源作为主要原材料并符合规定比例，生产国家非限制和禁止并符合国家和行业相关标准的产品取得的收入，减按90%计入收入总额。

企业购置并实际使用《环境保护专用设备企业所得税优惠目录》《节能节水专用设备企业所得税优惠目录》和《安全生产专用设备企业所得税优惠目录》规

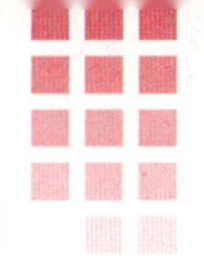

定的环境保护、节能节水、安全生产等专用设备的，该专用设备投资额的10%可以从企业当年的应纳税额中抵免；当年不足抵免的，可以在以后5个纳税年度结转抵免。

4. 关于促进技术创新和科技进步的税收优惠

为了促进技术创新和科技进步，《企业所得税法》规定了四个方面的税收优惠，具体包括：

（1）一个纳税年度内，居民企业技术转让所得不超过500万元的部分，免征企业所得税；超过500万元的部分，减半征收企业所得税。

（2）企业开发新技术、新产品、新工艺发生的研究开发费用，在计算应纳税所得额时在据实扣除的基础上，再加计扣除50%。

（3）创业投资企业采取股权投资方式投资于未上市的中小高新技术企业2年以上的，可以按照其投资额的70%在股权持有满2年的当年抵扣该创业投资企业的应纳税所得额；当年不足抵扣的，可以在以后纳税年度结转抵扣。

（4）企业的固定资产由于技术进步等原因，确需加速折旧的，可以缩短折旧年限或者采取加速折旧的方法。具体包括两类：一是由于技术进步，产品更新换代较快的固定资产；二是常年处于强震动、高腐蚀状态的固定资产。

5. 关于符合条件的非营利组织的收入的税收优惠

符合条件的非营利组织的收入为免税收入。《中华人民共和国企业所得税法实施条例》从登记程序、活动范围、财产的用途与分配等方面，界定了享受税收优惠的“非营利组织”的条件。同时，考虑到目前按相关管理规定，我国的非营利组织一般不能从事营利性活动，为规范此类组织的活动，防止从事营利性活动可能带来的税收漏洞，对非营利组织的营利性活动取得的收入，不予免税。

6. 关于小型微利企业的税收优惠

符合条件的小型微利企业，减按20%的税率征收企业所得税。年应纳税所得额不超过100万元、100万元到300万元的部分，分别减按25%、50%计入应纳税所得额。小型微利企业应从事国家非限制和禁止行业，并符合下列条件：

（1）年度应纳税所得额不超过300万元，从业人数不超过300人，资产总额不超过5 000万元。

（2）小型微利企业从业人数包括与企业建立劳动关系的职工人数和企业接受

的劳务派遣用工人数。从业人数和资产总额指标，应按企业全年的季度平均值确定。具体计算公式如下：

季度平均值 =（季初值 + 季末值）÷2

全年季度平均值 = 全年各季度平均值之和 ÷4

7. 高新技术企业的税收优惠

国家需要重点扶持的高新技术企业，减按15%的税率征收企业所得税。高新技术企业应拥有核心自主知识产权，产品（服务）属于《国家重点支持的高新技术领域》规定的范围，研究开发费用占销售收入的比例、高新技术产品（服务）收入占企业总收入的比例、科技人员占企业职工总数的比例不得低于规定比例，同时还要符合《高新技术企业认定管理办法》规定的其他条件。

8. 关于非居民企业的预提税所得的税收优惠

未在中国境内设立机构、场所的非居民企业取得的来源于中国境内的所得，以及非居民企业取得的来源于中国境内但与其在中国境内所设机构、场所没有实际联系的所得，适用税率为20%。对上述所得，减按10%的税率征收企业所得税。对外国政府向中国政府提供贷款取得的利息所得、国际金融组织向中国政府和居民企业提供优惠贷款取得的利息所得，以及经国务院批准的其他所得，可以免征企业所得税。

9. 民族自治地方的税收优惠

民族自治地方的自治机关对属于地方财政收入的某些税收需要加以照顾和鼓励的，可以实行减税或者免税。为与国家产业政策相衔接，对民族自治地方内国家限制和禁止行业的企业，不得减征或者免征企业所得税。自治州、自治县决定减征或者免征的，需报省、自治区、直辖市人民政府批准。

10. 安置特殊人员就业的税收优惠

为进一步完善促进就业的税收政策，新税法对鼓励安置就业人员的优惠政策由直接减免税方式，如福利企业、劳动服务企业的税收优惠政策，调整为按照企业支付给符合条件的就业人员工资的一定比例加成计算扣除的办法。其中，安置残疾人员的工资支出，在据实扣除的基础上加计100%扣除。其他鼓励安置就业人员工资加计扣除办法，由国务院另行规定。

第二节　企业所得税应纳税额计算

一、应纳税所得额的确定

企业所得税应纳税额的计税依据是应纳税所得额。应纳税所得额是指企业每一纳税年度的收入总额，减除不征税收入、免税收入、各项扣除以及允许弥补的以前年度亏损后的余额，用公式表示如下：

应纳税所得额＝收入总额－不征税收入－免税收入－各项扣除－弥补以前年度亏损

1. 收入总额

收入总额是指企业以货币形式和非货币形式从各种来源取得的收入，具体包括销售货物收入、提供劳务收入、转让财产收入、股息红利等权益性投资收益、利息收入、租金收入、特许权使用费收入、接受捐赠收入以及其他收入等，详见表 5—1。

表 5—1　　收入项目及说明

收入项目	说　明
销售货物收入	是指企业销售商品、产品、原材料、包装物、低值易耗品以及其他存货取得的收入
提供劳务收入	是指企业从事建筑安装、修理修配、交通运输、仓储租赁、金融保险、邮电通信、咨询经纪、文化体育、科学研究、技术服务、教育培训、餐饮住宿、中介代理、卫生保健、社区服务、旅游、娱乐、加工以及其他劳务服务活动取得的收入
转让财产收入	是指企业转让固定资产、生物资产、无形资产、股权、债权等财产取得的收入
股息、红利等权益性投资收益	是指企业因权益性投资从被投资方取得的收入
利息收入	是指企业将资金提供他人使用但不构成权益性投资，或者因他人占用本企业资金取得的收入
租金收入	是指企业提供固定资产、包装物或者其他有形资产的使用权取得的收入

续表

收入项目	说明
特许权使用费收入	是指企业提供专利权、非专利技术、商标权、著作权以及其他特许权的使用权取得的收入
接受捐赠收入	是指企业接受的来自其他企业、组织或者个人无偿给予的货币性资产和非货币性资产
其他收入	是指企业取得的除企业上述收入以外的收入，包括企业资产溢余收入、逾期未退包装物押金收入、确实无法偿付的应付款项、已作坏账损失处理后又收回的应收款项、债务重组收入、补贴收入、违约金收入、汇兑收益等

2. 不征税收入与免税收入

（1）不征税收入

不征税收入是指从性质和根源上不属于企业营利性活动带来的经济利益，不负有纳税义务并不作为应税所得额组成部分的收入。具体包括财政拨款、依法收取并纳入财政管理的行政事业性收费、政府性基金等以及国务院规定的其他收入。

1）财政拨款是指各级人民政府对纳入预算管理的事业单位、社会团体等组织拨付的财政资金。

2）行政事业性收费是指依照法律、法规等有关规定，按照国务院规定程序批准，在实施社会公共管理以及在向公民、法人或者其他组织提供特定公共服务过程中，向特定对象收取并纳入财政管理的费用。政府性基金是指企业依照法律、行政法规等有关规定，代政府收取的具有专项用途的财政资金。

3）国务院规定的其他不征税收入主要是指企业取得的，由国务院财政、税务主管部门规定专项用途并经国务院批准的财政性资金。

（2）免税收入

免税收入是指属于企业的所得按照税法规定免予征收企业所得税的收入。具体包括国债利息收入，符合条件的居民企业之间的股息、红利收入，在中国境内设立机构、场所的非居民企业从居民企业取得与该机构、场所有实际联系的股息、红利收入和符合条件的非营利公益组织的收入等。

3. 各项扣除

在确定各项收入后，还需依据《企业所得税法》的相关规定，确定准予从收

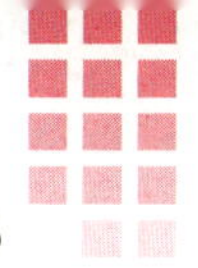

入总额中扣除的项目，以便计算应税所得。企业实际发生的与取得收入直接相关的，符合生产经营活动常规，应当计入当期损益或者有关资产成本的必要和正常的支出，准予在计算应税所得额时扣除。

（1）扣除项目的基本内容

1）成本，是指企业在生产经营活动中发生的销售成本、销货成本、业务支出以及其他耗费。

2）费用，是指企业在生产经营活动中发生的销售费用、管理费用和财务费用，已经计入成本的有关费用除外。

3）税金，是指企业发生的除企业所得税和允许抵扣的增值税以外的各项税金及其附加。

4）损失，是指企业在生产经营活动中发生的固定资产和存货的盘亏、毁损、报废损失，转让财产损失，呆账损失，坏账损失，自然灾害等不可抗力因素造成的损失以及其他损失。

企业发生的损失，减除责任人赔偿和保险赔款后的余额，依照国务院财政、税务主管部门的规定扣除。企业已经作为损失处理的资产，在以后纳税年度又全部收回或者部分收回时，应当计入当期收入。

5）其他支出，是指除成本、费用、税金、损失外，企业在生产经营活动中发生的与生产经营活动有关的、合理的支出。

（2）允许扣除项目的标准

在计算应税所得额时，下列项目可按照实际发生额或规定的标准扣除，见表 5—2。

表 5—2 允许扣除项目及扣除标准

扣除项目	扣除标准
工资、薪金支出	企业发生的合理的工资、薪金支出准予据实扣除
职工福利费、工会经费、职工教育经费	①企业发生的职工福利费支出，不超过工资薪金总额 14% 的部分准予扣除 ②企业拨缴的工会经费，不超过工资薪金总额 2% 的部分准予扣除 ③除国务院财政、税务主管部门另有规定外，企业发生的职工教育经费支出，不超过工资薪金总额 2.5% 的部分准予扣除，超过部分准予结转以后纳税年度扣除

续表

扣除项目	扣除标准
社会保险费	①按照政府规定的范围和标准缴纳的“五险一金”，即基本养老保险费、基本医疗保险费、失业保险费、工伤保险费、生育保险费和住房公积金，准予扣除 ②企业为投资者或者职工支付的补充养老保险费、补充医疗保险费，在国务院财政、税务主管部门规定的范围和标准内，准予扣除。企业依照国家有关规定为特殊工种职工支付的人身安全保险费和符合国务院财政、税务主管部门规定可以扣除的商业保险费准予扣除 ③企业参加财产保险，按照规定缴纳的保险费，准予扣除。企业为投资者或者职工支付的商业保险费，不得扣除
利息费用	①非金融企业向金融企业借款的利息支出、金融企业的各项存款利息支出和同业拆借利息支出、企业经批准发行债券的利息支出，可据实扣除 ②非金融企业向非金融企业借款的利息支出，不超过按照金融企业同期同类贷款利率计算的数额部分可据实扣除，超过部分不许扣除
业务招待费	企业发生的与生产经营活动有关的业务招待费支出，按照发生额的60% 扣除，但最高不得超过当年销售（营业）收入的 5‰
广告费和业务宣传费	企业发生的符合条件的广告费和业务宣传费支出，除国务院财政、税务主管部门另有规定外，不超过当年销售（营业）收入的 15% 部分，准予扣除；超过部分，准予结转以后在纳税年度扣除
环境保护专项资金	企业依照法律、行政法规有关规定提取的用于环境保护、生态恢复等方面的专项资金准予扣除；上述专项资金提取后改变用途的，不得扣除
劳动保护费	企业发生的合理的劳动保护支出，准予扣除
公益性捐赠支出	企业发生的公益性捐赠支出，不超过年度利润总额 12% 的部分，准予扣除
有关资产的费用	①企业转让各类固定资产发生的费用允许扣除 ②企业按规定计算的固定资产折旧费、无形资产和递延资产的摊销费允许扣除 ③企业为开发新技术、新产品、新工艺发生的研究开发费用，未形成无形资产计入当期损益的，在按照规定据实扣除的基础上，按研究开发费用的 50% 加计扣除
其他项目	如会员费、合理的会议费、差旅费、违约金、诉讼费用等，准予扣除

4. 允许弥补的以前年度亏损

企业纳税年度发生的亏损，准予向以后年度结转，用以后年度的所得弥补，但结转年限最长不得超过 5 年。

不得扣除项目

根据《企业所得税法》规定，向投资者支付的股息、红利等权益性投资收益款项、企业所得税税款、税收滞纳金、罚金罚款和被没收财物的损失、非公益性捐赠支出、赞助支出、未经核定的准备金支出和与取得收入无关的其他支出等不得扣除。

二、企业应纳所得税的计算

1. 企业应纳所得税的计算步骤

（1）计算出企业的应纳税所得额。《企业所得税法》规定，企业应纳税所得额为企业每一纳税年度的收入总额，减除不征税收入、免税收入、各项扣除以及允许弥补的以前年度亏损后的余额。

（2）将企业的应纳税所得额乘以所得税适用的税率，计算出没有减免或者抵免税额前的应纳税额。

（3）计算出企业享受的可以减免和抵免税额的优惠数额。减免税额是指《企业所得税法》在“税收优惠”中规定的，企业享受的直接减免税额。抵免税额是指《企业所得税法》在“税收优惠”中规定的投资抵免优惠。

需要注意的是，《企业所得税法》规定的税收优惠的方式有很多种，包括直接减免税额、加计扣除、减计收入、低税率、抵扣应纳税所得额和投资抵免等。加计扣除、减计收入和抵扣应纳税所得额等优惠方式，在计算应税所得额时就已考虑，因此，在应纳税额的计算中反映的是直接减免税额和投资抵免税额。

（4）计算企业应纳所得税额，其计算公式如下：

应纳所得税额 = 应纳税所得额 × 适用税率 − 减免税额 − 抵免税额

2. 企业应纳所得税的计算示例

［例 5—1］某工业企业 2017 年利润表的有关数据如下：主营业务收入 780 万元，主营业务成本 350 万元，营业费用 120 万元，主营业务税金及附加 15 万元，管理费用 130 万元，财务费用 58 万元，其他业务收入 450 万元，其他业务支出 210 万元，营业外收入 180 万元，营业外支出 70 万元。所得税税率为

25%，假设没有税收调整项目。要求计算该企业当年应纳所得税额。

【例题解析】企业的应纳税所得额乘以适用税率，减除依照《企业所得税法》关于税收优惠的规定减免和抵免税额后的余额为应纳所得税额。该企业在计算纳税所得时没有税收调整项目，即企业确认的收入费用成本和支出均符合税法规定，会计利润等于应税所得额。一般企业所得税的税率为25%。

（1）利润总额＝主营业务收入＋其他业务收入＋营业外收入－主营业务成本－营业费用－主营业务税金及附加－管理费用－财务费用－其他业务支出－营业外支出=780+450+180−350−120−15−130−58−210−70=457（万元）

（2）收入总额=780+450+180=1 410（万元）

（3）各项扣除=350+120+15+130+58+210+70=953（万元）

根据题意，本年无调整事项。

（4）应纳税所得额＝收入总额－不征税收入－免税收入－各项扣除－弥补以前年度亏损=1 410−953=457（万元）

（5）本年应纳所得税额＝应纳税所得额 × 适用税率－减免税额－抵免税额

=457×25%=114.25（万元）

［例5—2］某厂2017年有关资料如下：全年实现利润总额530万元。其中：主营业务收入1 600万元，其他业务收入800万元；财务费用中有未完工固定资产贷款利息3万元；预提“坏账准备”金0.2万元，实际发生坏账损失0.3万元；实际支付业务招待费20万元；直接向受赠人某学校捐赠10万元。要求计算该厂当年应纳所得税额。

【例题解析】企业发生的公益性捐赠支出，在年度利润总额12%以内的部分，准予扣除。公益性捐赠必须通过公益性社会团体或者县级以上人民政府及其部门的捐赠，直接向受赠人捐赠支出不得扣除。资产购置、建造期间发生的合理借款费用，应当作为资本性支出计入有关资产的成本。企业发生的与生产经营活动有关的业务招待费支出，按照发生额的60%扣除，但最高不得超过当年销售（营业）收入的5‰。

（1）本年度利润总额530万元。

（2）各项扣除调整：

1）未完工固定资产的贷款利息3万元，应列入在建工程，属于资本性支出，不得直接扣除。

2）未提足坏账准备金的坏账损失0.1万元（发生金额－预提金额），准予扣除。

3）业务招待费限额 12 万元（2 400×5‰=12 ≤ 20×60%=12），超标 8 万元（20–12），不得扣除。

4）直接对外捐赠 10 万元不得扣除。

5）各项扣除额调整合计 20.9 万元（3+8+10–0.1），不得扣除额。

（3）应纳税所得额 = 收入总额 – 不征税收入 – 免税收入 – 各项扣除 – 弥补以前年度亏损 =530+20.9=550.9（万元）

（4）应纳所得税额 = 应税所得额 × 适用税率

=550.9×25%=137.725（万元）

［例 5—3］某化工有限公司为增值税一般纳税人。该企业采用《企业会计制度》进行会计核算。已知该公司 2017 年度亏损 50 万元，2018 年度生产经营相关资料如下：

（1）销售收入 10 000 万元。其中，从事符合条件的环保项目的收入为 1 000 万元（该项目于 2017 年年初投产）。

（2）产品销售成本 5 000 万元。其中，从事符合条件的环境保护项目的成本为 500 万元。

（3）销售税金及附加 250 万元。其中，从事符合条件的环境保护项目的税金及附加 50 万元。

（4）销售费用 2 000 万元。其中，广告费 200 万元。

（5）财务费用 200 万元。

（6）投资收益 50 万元。其中，投资非上市公司的股权投资按权益法确认的、符合免税规定的投资收益 40 万元，国债持有期间的利息收入 10 万元。

（7）管理费用 1 200 万元。其中，业务招待费 85 万元，新产品研究开发费 30 万元。

（8）营业外支出 800 万元。其中，通过省教育厅捐赠给某高校 100 万元，非广告性赞助支出 50 万元，存货盘亏损失 50 万元。

（9）全年提取并实际支付工资支出共计 1 000 万元。其中，符合条件的环境保护项目工资 100 万元；职工工会经费、职工教育经费分别按工资总额的 2%、2.5% 的比例提取。

（10）全年职工福利性支出 120 万元，职工教育费支出 15 万元，拨缴工会经费 20 万元。

假设除资料所给内容外，无其他纳税调整事项；从事符合条件的环境保护项目的能够单独核算；期间费用按照销售收入在化工产品和环境保护项目之间进行分配。要求计算该公司 2018 年应缴纳的企业所得税额。

【例题解析】国债利息收入、符合条件的居民企业之间的股息、红利收入免税；从事符合条件的环境保护和节能节水项目的所得，自项目取得第一笔生产经营收入所属纳税年度起，第一年至第三年免征企业所得税；企业发生的公益性捐赠支出，在年度利润总额 12% 以内的部分，准予扣除。企业发生的与生产经营活动有关的业务招待费支出，按照发生额的 60% 扣除，但最高不得超过当年销售（营业）收入的 5‰；研究开发费用的 50% 加计扣除；企业拨缴的工会经费，不超过工资薪金总额 2% 的部分，准予扣除。企业当年提取并实际使用的职工教育经费，在不超过计税工资总额 2.5% 以内的部分，准予扣除；企业纳税年度发生的亏损，准予向以后年度结转，用以后年度的所得弥补，但结转年限不超过 5 年。

（1）2018 年利润总额 =10 000–5 000–250–2 000–200+50–1 200–800=600（万元）

（2）收入总额 =10 000+50=10 050（万元）

（3）免税收入 1 050 万元（国债利息收入 10 万元；符合居民企业之间的股息、红利 40 万元；从事符合条件的环境保护项目的收入为 1 000 万元，第一年免税）。

（4）各项扣除 =5 000+250+2 000+200+1 200+800=9 450（万元）

（5）各项扣除调整：

1）业务招待费限额 50 万元（10 000×5‰ =50 ＜ 85×60%=51），超标 35 万元（85–50），不得扣除。

2）新产品研究开发费 30 万元，可进行加计 50% 扣除，即增加税前扣除额 15 万元。

3）非广告性赞助支出 50 万元不得扣除。

4）公益性捐赠支出扣除限额 72 万元（600×12%），超标 28 万元（100–72），不得扣除。

5）职工教育经费按实际支付数额扣除，未支付的 10 万元（1 000×2.5%–15）不得扣除。

6）环保项目收入免税，其成本费用税金 885.5 万元不得扣除，即成本 500 万元、税金及附加 50 万元、承担的期间费用 336.5 万元［1 000×（2 000+200+1 165）÷（9 000+1 000）］，工资三项经费允许增加扣除 1 万元。

7）各项扣除调整合计：993.5 万元（35–15+50+28+10+885.5）不得扣除额。

（6）2017 年度亏损 50 万元，允许弥补。

（7）应纳税所得额 = 收入总额 – 不征税收入 – 免税收入 – 各项扣除 – 弥补

以前年度亏损 =10 050–1 050–（9 450–993.5）–50=493.5（万元）

（8）应纳所得税额 = 应税所得额 × 适用税率

=493.5 × 25%=123.375（万元）

［例 5—4］某小型微利企业 2018 年经相关部门审核确定，应纳税所得额为 220 万元。要求计算该小型微利企业应纳企业所得税。

【例题解析】符合条件的小型微利企业，减按 20% 的税率征收企业所得税。年应纳税所得额不超过 100 万元、100 万元到 300 万元的部分，分别减按 25%、50% 计入应纳税所得额。

应纳企业所得税 = 应纳税所得额 × 适用税率

= 100 × 25% × 20%+（220–100）× 50% × 20% = 17（万元）

第三节 企业所得税纳税申报

一、企业所得税纳税地点

居民企业以企业登记注册地为纳税地点。登记注册地在境外的，以实际管理机构所在地为纳税地点。居民企业在中国境内设立不具有法人资格的营业机构的，应当汇总计算并缴纳企业所得税。

在中国境内设立机构、场所的非居民企业，取得的来源于中国境内的所得，以及发生在中国境外，但与其所设机构、场所有实际联系的所得，以机构、场所所在地为纳税地点。非居民企业在中国境内设立两个或者两个以上机构、场所的，经税务机关审核批准，可以选择由其主要机构、场所汇总缴纳企业所得税。非居民企业在中国境内未设立机构、场所的，或者虽设立机构、场所但取得的所得与其所设机构、场所没有实际联系的，就其取得来源于中国境内的所得，以扣缴义务人所在地为纳税地点。

二、企业所得税纳税期限

企业所得税的纳税年度为公历 1 月 1 日至 12 月 31 日。企业应当自年度终了之日起 5 个月内，向税务机关报送年度企业所得税纳税申报表，并汇算清缴，结清应缴应退税款。纳税人在一个纳税年度中间开业，或者由于合并、关闭等原因，使该纳税年度的实际经营不足12个月的，应以实际经营期为一个纳税年度。纳税人清算时，应当以清算期间为一个纳税年度。企业在年度中间终止经营活动的，应当自实际经营终止之日起60日内，向税务机关办理当期企业所得税汇算清缴。企业应当在办理注销登记前，就其清算所得向税务机关申报并依法缴纳企业所得税。

企业所得税分月或者分季预缴。企业应自月份或者季度终了之日起15日内，向税务机关报送预缴企业所得税纳税申报表，预缴税款。

三、企业所得税纳税申报方法

企业所得税采取按年计算、分月（季）预缴、年终汇算清缴的办法。

1. 季度预缴的申报

企业所得税月（季）度预缴纳税申报表（见表5—3）中的应纳所得税额是按照企业当期实现利润总额乘以25%税率计算出来的，预缴时暂不考虑企业的不征税收入、免税收入、加计扣除、减计收入及弥补以前年度亏损等。按实际数预缴有困难的，可以按上一年度应纳税所得额的1/12或1/4，或者经当地税务机关认可的其他方法分期预缴所得税。预缴方法一经确定，不得随意改变。除国务院另有规定外，企业之间不得合并缴纳企业所得税。

表5—3　　企业所得税月（季）度预缴纳税申报表（A类）

税款所属期间：　年　月　日至　年　月　日

纳税人识别号：□□□□□□□□□□□□□□□□□□□□

纳税人名称：　　　　　　　　　　金额单位：元（列至角分）

行次	项　目	本期金额	累计金额
1	一、据实预缴		
2	营业收入		
3	营业成本		
4	利润总额		
5	税率（25%）		
6	应纳所得税额（4行×5行）		
7	减免所得税额		
8	实际已缴所得税额	—	

续表

<table>
<tr><th>行次</th><th colspan="2">项　目</th><th>本期金额</th><th>累计金额</th></tr>
<tr><td>9</td><td colspan="2">应补（退）的所得税额（6 行 -7 行 -8 行）</td><td>—</td><td></td></tr>
<tr><td>10</td><td colspan="4">二、按照上一纳税年度应纳税所得额的平均额预缴</td></tr>
<tr><td>11</td><td colspan="2">上一纳税年度应纳税所得额</td><td>—</td><td></td></tr>
<tr><td>12</td><td colspan="2">本月（季）应纳税所得额（11 行 ÷12 或 11 行 ÷4）</td><td></td><td></td></tr>
<tr><td>13</td><td colspan="2">税率（25%）</td><td>—</td><td>—</td></tr>
<tr><td>14</td><td colspan="2">本月（季）应纳所得税额（12 行 ×13 行）</td><td></td><td></td></tr>
<tr><td>15</td><td colspan="4">三、按照税务机关确定的其他方法预缴</td></tr>
<tr><td>16</td><td colspan="2">本月（季）确定预缴的所得税额</td><td></td><td></td></tr>
<tr><td>17</td><td colspan="4">总分机构纳税人</td></tr>
<tr><td>18</td><td rowspan="3">总机构</td><td>总机构应分摊的所得税额（9 行或 14 行或 16 行 ×25%）</td><td></td><td></td></tr>
<tr><td>19</td><td>中央财政集中分配的所得税额（9 行或 14 行或 16 行 ×25%）</td><td></td><td></td></tr>
<tr><td>20</td><td>分支机构分摊的所得税额（9 行或 14 行或 16 行 ×50%）</td><td></td><td></td></tr>
<tr><td>21</td><td rowspan="2">分支机构</td><td>分配比例</td><td></td><td></td></tr>
<tr><td>22</td><td>分配的所得税额（20 行 ×21 行）</td><td></td><td></td></tr>
<tr><td colspan="5">谨声明：此纳税申报表是根据《中华人民共和国企业所得税法》《中华人民共和国企业所得税法实施条例》和国家有关税收规定填报的，是真实的、可靠的、完整的。

法定代表人（签字）：　　　　年　月　日</td></tr>
<tr><td colspan="2">纳税人公章：

会计主管：

填表日期：　年　月　日</td><td colspan="2">代理申报中介机构公章：

经办人：

经办人执业证件号码：

代理申报日期：　年　月　日</td><td>主管税务机关受理专用章：

受理人：

受理日期：　年　月　日</td></tr>
</table>

国家税务总局监制

2. 年度汇算清缴的申报

企业在纳税年度内无论盈利或者亏损，都应当依照《企业所得税法》规定的期限，向税务机关报送预缴企业所得税纳税申报表、企业所得税年度纳税申报表（见表5—4）、财务会计报告和税务机关规定应当报送的其他有关资料。

企业在年终汇算清缴时，少缴的所得税税额在下一年度内缴纳，多缴的所得税税额在下一年度内抵缴。

表5—4　　　　企业所得税年度纳税申报表

税款所属期间：　年　月　日至　年　月　日

纳税人识别号：□□□□□□□□□□□□□□□□□□□□　　　　金额单位：元（列至角分）

纳税人名称：			
	行次	项　　目	金额
收入总额	1	销售（营业）收入（请填附表一）	
	2	投资收益（请填附表三）	
	3	投资转让净收入（请填附表三）	
	4	补贴收入	
	5	其他收入（请填附表一）	
	6	收入总额合计（1+2+3+4+5）	
扣除项目	7	销售（营业）成本（请填附表二）	
	8	主营业务税金及附加	
	9	期间费用（请填附表二）	
	10	投资转让成本（请填附表三）	
	11	其他扣除项目（请填附表二）	
	12	扣除项目合计（7+8+9+10+11）	
应纳税所得额的计算	13	纳税调整前所得（6-12）	
	14	加：纳税调整增加额（请填附表四）	
	15	减：纳税调整减少额（请填附表五）	
	16	纳税调整后所得（13+14-15）	
	17	减：弥补以前年度亏损（请填附表六）（17≤16）	
	18	减：免税所得（请填附表七）（18≤16-17）	
	19	加：应补税投资收益已缴所得税额	
	20	减：允许扣除的公益救济性捐赠额（请填附表八）	
	21	减：加计扣除额（请填附表九）（21≤16-17-18+19-20）	
	22	应纳税所得额（16-17-18+19-20-21）	

续表

<table>
<tr><td rowspan="14">应纳所得税额的计算</td><td>行次</td><td>项　目</td><td>金额</td></tr>
<tr><td>23</td><td>适用税率</td><td></td></tr>
<tr><td>24</td><td>境内所得应纳所得税额（22×23）</td><td></td></tr>
<tr><td>25</td><td>减：境内投资所得抵免税额</td><td></td></tr>
<tr><td>26</td><td>加：境外所得应纳所得税额（请填附表十）</td><td></td></tr>
<tr><td>27</td><td>减：境外所得抵免税额（请填附表十）</td><td></td></tr>
<tr><td>28</td><td>境内、境外所得应纳所得税额（24-25 + 26-27）</td><td></td></tr>
<tr><td>29</td><td>减：减免所得税额（请填附表七）</td><td></td></tr>
<tr><td>30</td><td>实际应纳所得税额（28-29）</td><td></td></tr>
<tr><td>31</td><td>汇总纳税成员企业就地预缴比例</td><td></td></tr>
<tr><td>32</td><td>汇总纳税成员企业就地应预缴的所得税额（30×31）</td><td></td></tr>
<tr><td>33</td><td>减：本期累计实际已预缴的所得税额</td><td></td></tr>
<tr><td>34</td><td>本期应补（退）的所得税额</td><td></td></tr>
<tr><td>35</td><td>附：上年应缴未缴本年入库所得税额</td><td></td></tr>
<tr><td colspan="4">纳税人声明：此纳税申报表是根据《中华人民共和国企业所得税法》《中华人民共和国企业所得税法实施条例》和国家有关税收规定填报的，是真实的、可靠的、完整的。
法定代表人（签字）：　　年　月　日</td></tr>
<tr><td colspan="2">纳税人公章：
经办人：
申报日期：　年　月　日</td><td>代理申报中介机构公章：
经办人执业证件号码：
代理申报日期：　年　月　日</td><td>主管税务机关受理专用章：
受理人：
受理日期：　年　月　日</td></tr>
</table>

练习题

1. 企业所得税的纳税人指的是什么？具体包括哪些内容？
2. 简述企业所得税的特点。
3. 什么是免税收入、不征税收入？两者有什么联系和区别？
4. 企业所得税税前可扣除的业务招待费、公益性捐赠、广告宣传等方面是如何规定的？
5. 企业所得税优惠政策规定的优惠方式主要有哪些？分别在计算应纳所得税时的哪些环节实现？

第六章 个人所得税

学习目标

- 掌握个人所得税的纳税人和征税对象
- 掌握个人所得税的税率
- 掌握个人所得税应纳税额的计算方法
- 了解个人所得税的纳税申报方法

第一节　个人所得税概述

一、个人所得税概念

个人所得税是对个人（即自然人）取得的应税所得征收的一种税。

二、个人所得税纳税人

在中国境内有住所或者无住所而一个纳税年度内在中国境内居住累计满 183 天的个人，为居民个人。居民个人从中国境内和境外取得的所得，依照《中华人民共和国个人所得税法》（以下简称《个人所得税法》）缴纳个人所得税。在中国境内无住所又不居住或者无住所而在境内居住累计不满 183 天的个人，为非居民个人。非居民个人从中国境内取得的所得，依法缴纳个人所得税。纳税年度自公历 1 月 1 日起至 12 月 31 日止。

在中国境内有住所的个人是指因户籍、家庭、经济利益关系而在中国境内习惯性居住的个人。

关于纳税人的立法实际上是根据居民和非居民的原则确定的，即个人所得税的纳税人分为居民纳税人和非居民纳税人两种。居民纳税人承担无限的纳税义务，就其来源于中国境内、境外的所得纳税。非居民纳税人承担有限纳税义务，仅就其来源于中国境内的所得纳税。

对纳税人居民和非居民身份的确定，税法采用的是住所和居住时间两个标准。即凡在中国境内有住所或者无住所而在境内居住累计满 183 天的个人，就是居民纳税人；凡在中国境内无住所又不居住，或者无住所而在中国境内居住累计满 183 天的个人，就是非居民纳税人。

在中国境内无住所的个人，在中国境内居住累计满 183 天的年度连续不满六年的，经向主管税务机关备案，其来源于中国境外且由境外单位或者个人支付的所得，免予缴纳个人所得税；在中国境内居住累计满 183 天的任一年度中有一次离境超过 30 天的，其在中国境内居住累计满 183 天的年度的连续年限重新起算。

在中国境内无住所的个人，在一个纳税年度内在中国境内居住累计不超过 90 天的，其来源于中国境内的所得，由境外雇主支付并且不由该雇主在中国境内的机构、场所负担的部分，免予缴纳个人所得税。

依据《个人所得税法》规定，下列所得不论支付地点是否在中国境内，均为来源于中国境内的所得：

1. 因任职、受雇、履约等在中国境内提供劳务取得的所得。

2. 将财产出租给承租人在中国境内使用而取得的所得。

3. 许可各种特许权在中国境内使用而取得的所得。

4. 转让中国境内的不动产等财产或者在中国境内转让其他财产取得的所得。

5. 从中国境内企业、事业单位、其他组织以及居民个人取得的利息、股息、红利所得。

三、个人所得税征税对象

下列个人所得应缴纳个人所得税。

1. 工资、薪金所得

工资、薪金所得是指个人因任职或者受雇而取得的工资、薪金、奖金、年终加薪、劳动分红、津贴、补贴以及与任职或者受雇有关的其他所得。

2. 劳务报酬所得

劳务报酬所得是指个人为企业从事设计、装潢、安装、制图、化验、测试、医疗、法律、会计、咨询、讲学、新闻、广播、审稿、书画、雕刻、影视、录音、演出、表演、广告、技术服务、介绍服务、经纪服务、代办服务以及其他劳务取得的所得。

区分劳务报酬所得与工资、薪金所得的基本标准是看其是否存在雇佣与被雇佣关系。劳务报酬所得是个人独立从事某种技艺，独立提供某种劳务而取得的报酬，其与支付报酬的单位不存在雇佣与被雇佣关系。工资、薪金所得是个人非独立劳动从所在单位领取的报酬，其与支付报酬的单位存在雇佣与被雇佣关系。

3. 稿酬所得

稿酬所得是指个人因其作品以图书、报刊形式出版、发表而取得的所得。

4. 特许权使用费所得

特许权使用费所得是指个人提供专利权、商标权、著作权、非专利技术以及

其他特许权的使用权取得的所得；提供著作权的使用权取得的所得，不包括稿酬所得。

5. 经营所得

经营所得包括以下四个方面：

（1）个体工商户从事生产经营活动取得的所得，个人独资企业投资人、合伙企业的个人合伙人来源于境内注册的个人独资企业、合伙企业生产经营所得。

（2）个人依法从事办学、医疗、咨询以及其他有偿服务活动取得的所得。

（3）个人对企业、事业单位承包经营、承租经营以及转包、转租取得的所得。

（4）个人从事其他生产经营活动取得的所得。

6. 利息、股息、红利所得

利息、股息、红利所得是指个人拥有债权、股权而取得的利息、股息、红利所得。个人购买企业自办发行或委托银行发行的各类债券取得的利息，以及职工从企业内部取得的集资利息，以还本付息日和兑付集资利息日为纳税人对利息收入拥有所有权日，并按照还本付息日和兑付集资利息日所适用的扣除率扣除后的余额征收个人所得税。银行存款利息免征个人所得税。

股份制企业以股票形式向股东个人支付股息、红利，应以派发红股的股票票面金额为收入额，按规定征税；用股票溢价发行收入所形成的资本公积金转增股本，对个人取得的转增股本数额不征收个人所得税。而用与此不相符的其他资本公积金分配个人所得部分，应当依法征税；用盈余公积金派发红股，对个人取得的红股数额应作为个人所得征税；从税后利润中提取的法定公积金和任意公积金转增注册资本，对个人股东相应转增注册资本的部分作为个人所得征税。

7. 财产租赁所得

财产租赁所得是指个人出租建筑物、土地使用权、机器设备、车船以及其他财产取得的所得。

8. 财产转让所得

财产转让所得是指个人转让有价证券、股权、合伙企业中的财产份额、不动产、机器设备、车船以及其他财产取得的所得。

9. 偶然所得

偶然所得是指个人得奖、中奖、中彩以及其他偶然性质的所得。

居民个人取得上述第1～4项所得归纳为综合所得，按纳税年度合并计算个人所得税；非居民个人取得综合所得，按月或者按次分项计算个人所得税。纳税人取得上述第5～9项所得，依照《个人所得税法》的相关规定分别计算个人所得税。

个人所得的形式包括现金、实物、有价证券和其他形式的经济利益。所得为实物的，应当按照取得的凭证上所注明的价格计算应纳税所得额，无凭证的实物或者凭证上所注明的价格明显偏低的，参照市场价格核定应纳税所得额；所得为有价证券的，根据票面价格和市场价格核定应纳税所得额；所得为其他形式经济利益的，参照市场价格核定应纳税所得额。

四、个人所得税税率

我国的个人所得税实行分项计算，取得的所得不同，适用的税率也不一样。综合所得，适用3%～45%的超额累进税率（见表6—1、表6—2）；经营所得，适用5%～35%的超额累进税率（见表6—3）；利息、股息、红利所得，财产租赁所得，财产转让所得和偶然所得，适用20%的比例税率。

表6—1　　个人所得税税率表一（综合所得适用）

级数	全年应纳税所得额	税率（%）	速算扣除数
1	不超过36 000元的部分	3	0
2	超过36 000元至144 000元的部分	10	2 520
3	超过144 000元至300 000元的部分	20	16 920
4	超过300 000元至420 000元的部分	25	31 920
5	超过420 000元至660 000元的部分	30	52 920
6	超过660 000元至960 000元的部分	35	85 920
7	超过960 000元的部分	45	181 920

注：

1. 本表所称全年应纳税所得额是指居民个人取得综合所得以每一纳税年度收入额减除费用60 000元以及专项扣除、专项附加扣除和依法确定的其他扣除后的余额。

2. 非居民个人取得的工资、薪金所得，劳务报酬所得，稿酬所得和特许权使用费所得，依照本表按月换算后计算应纳税额。

表 6—2 个人所得税税率表二（月度税率表）

级数	应纳税所得额	税率（%）	速算扣除数
1	不超过 3 000 元的部分	3	0
2	超过 3 000 元至 12 000 元的部分	10	210
3	超过 12 000 元至 25 000 元的部分	20	1 410
4	超过 25 000 元至 35 000 元的部分	25	2 660
5	超过 35 000 元至 55 000 元的部分	30	4 410
6	超过 55 000 元至 80 000 元的部分	35	7 160
7	超过 80 000 元的部分	45	15 160

表 6—3 个人所得税税率表三（经营所得适用）

级数	全年应纳税所得额	税率（%）	速算扣除数
1	不超过 30 000 元的部分	5	0
2	超过 30 000 元至 90 000 元的部分	10	1 500
3	超过 90 000 元至 300 000 元的部分	20	10 500
4	超过 300 000 元至 500 000 元的部分	30	40 400
5	超过 500 000 元的部分	35	65 500

注：本表所称全年应纳税所得额是指以每一纳税年度的收入总额减除成本、费用以及损失后的余额。

五、个人所得税税收优惠政策

1. 下列个人所得，免征个人所得税：

（1）省级人民政府、国务院部委和中国人民解放军军以上单位，以及外国组织、国际组织颁发的科学、教育、技术、文化、卫生、体育、环境保护等方面的奖金。

（2）个人持有中华人民共和国财政部发行的债券而取得的利息和个人持有经国务院批准发行的金融债券而取得的利息。

（3）按照国务院规定发给的政府特殊津贴、院士津贴，以及国务院规定免纳个人所得税的其他补贴、津贴。

（4）福利费、抚恤金、救济金。福利费是指根据国家有关规定，从企业、事业单位、国家机关、社会团体提留的福利费或者工会经费中支付给个人的生活补助费。救济金是指国家民政部门支付给个人的生活困难补助费。

（5）保险赔款。

（6）军人的转业费、复员费。

（7）按照国家统一规定发给干部、职工的安家费、退职费、基本养老金或者退休费、离休费、离休生活补助费。

（8）依照我国有关法律规定应予免税的各国驻华使馆、领事馆的外交代表、领事官员和其他人员的所得。主要是指上述人员依照《中华人民共和国领事特权与豁免条例》规定免税的所得。

（9）中国政府参加的国际公约、签订的协议中规定免税的所得。

（10）经国务院财政部门批准免税的所得。

2. 居民个人从中国境外所得已缴税额准予抵扣。居民个人从中国境内和境外取得的综合所得、经营所得，应当分别合并计算应纳税额；从中国境内和境外取得的其他所得，应当分别单独计算应纳税额。税法规定，居民个人从中国境外取得的所得，准予其在应纳税额中扣除已在境外依照该所得来源国家或地区的法律应当缴纳并且实际已经缴纳的税款，但扣除额不得超过该纳税义务人境外所得依照我国税法规定计算的应纳税额，即纳税人从中国境外取得的所得，区别不同国家或者地区和不同应税项目，依照我国税法规定的费用减除标准和适用税率计算的应纳税额之和为该国家或者地区的扣除限额。

纳税人在中国境外一个国家或地区实际已经缴纳的个人所得税税额，低于依照上述规定计算出的该国家或地区扣除限额的，应当在中国缴纳差额部分的税款；超过该国家或地区扣除限额的，其超过部分不得在本纳税年度的应纳税额中扣除，但是可以在以后纳税年度的该国家或地区扣除限额的余额中补扣。补扣期限最长不得超过 5 年。

3. 残疾、孤老人员，烈士家属，因自然灾害遭受重大损失人员的所得可以减征个人所得税。具体幅度和期限，由省级人民政府规定。

4. 保险营销员、证券经纪人取得的佣金收入属于劳务报酬所得，以不含增值税的收入减除 20% 费用后的余额为收入额，收入额减去展业成本以及附加税费后，并入当年综合所得，计算缴纳个人所得税。保险营销员、证券经纪人展业成本按照收入额的 25% 计算。

5. 外籍个人符合居民个人条件的，2021 年 12 月 31 日前可以选择享受个人所得税专项附加扣除，也可以选择享受住房补贴、语言训练费、子女教育费等津补贴免税优惠政策，但不得同时享受。外籍个人一经选择，在一个纳税年度内不得变更。自 2022 年 1 月 1 日起，外籍个人不再享受住房补贴、语言训练费、子女教育费津补贴免税优惠政策，应按规定享受专项附加扣除。

第二节　个人所得税应纳税额计算

个人所得税制主要分为综合个人所得税制、分类个人所得税制和综合与分类相结合的个人所得税制三种模式。综合个人所得税制是对纳税人在一定时期内（如 1 年）取得的各种来源和各种形式的收入加总，减除各种法定扣除额后，按统一的税率征收。分类个人所得税制是对税法列举的不同应税所得项目，分别适用不同的扣除办法和税率，分别征税。综合与分类相结合的个人所得税制兼有上述两种模式的特点，即对一部分所得项目予以加总，实行按年汇总计算纳税，对其他所得项目则实行分类征税。我国现行个人所得税基本上是采用综合与分类相结合的个人所得税制模式。对于工资、薪金所得，劳务报酬所得，稿酬所得，特许权使用费所得 4 项劳动性所得归纳为综合所得，采用综合征税方式，适用统一的超额累进税率，居民个人按年合并计算征收个人所得税，非居民个人按月或者按次分项计算征收个人所得税。对经营所得，利息、股息、红利所得，财产租赁所得，财产转让所得，偶然所得以及其他所得，采用分类征税方式，按照规定分别计算征收个人所得税。

一、个人所得税应纳税所得额的确定

个人所得税的计税依据是应纳税所得额。应纳税所得额是个人取得的收入减去税法规定的扣除项目或者扣除金额后的余额。我国《个人所得税法》对于个人应纳税所得额和税前扣除内容具体规定如下：

1. 应纳税所得额

（1）居民个人的综合所得，以每一纳税年度的收入额减除费用 60 000 元以及专项扣除、专项附加扣除和依法确定的其他扣除后的余额，为应纳税所得额。

其中居民个人的劳务报酬所得、稿酬所得、特许权使用费所得以收入减除 20% 费用后的余额为收入额。稿酬所得的收入额减按 70% 计算。

劳务报酬所得、稿酬所得、特许权使用费所得属于一次性收入的，以取得该项收入为一次；属于同一项目连续性收入的，以一个月内取得的收入为一次。

两个以上的纳税人共同取得同一项目收入的，应当对每个人取得的收入分别按照《个人所得税法》的规定计算纳税。

（2）非居民个人的工资、薪金所得，以每月收入额减除费用 5 000 元后的余额为应纳税所得额；劳务报酬所得、稿酬所得、特许权使用费所得，以每次收入额为应纳税所得额。

（3）经营所得，以每一纳税年度的收入总额减除成本、费用以及损失后的余额为应纳税所得额。成本、费用是指生产经营活动中发生的各项直接支出和分配计入成本的间接费用以及销售费用、管理费用、财务费用；损失是指生产经营活动中发生的固定资产和存货的盘亏、毁损、报废损失，转让财产损失，坏账损失，自然灾害等不可抗力因素造成的损失以及其他损失。

从事生产经营活动，未提供完整、准确的纳税资料，不能正确计算应纳税所得额的，由主管税务机关核定应纳税所得额或者应纳税额。

取得经营所得的个人，没有综合所得的，计算其每一纳税年度的应纳税所得额时，应当减除费用 60 000 元、专项扣除、专项附加扣除以及依法确定的其他扣除。

（4）财产租赁所得，每次收入不超过 4 000 元的，减除费用 800 元；4 000 元以上的，减除 20% 的费用，其余额为应纳税所得额。财产租赁所得，以一个月内取得的收入为一次。

（5）财产转让所得，以转让财产的收入额减除财产原值和合理费用后的余额为应纳税所得额。财产原值为取得时的买价加上相关费用或者由税务机关核定。合理费用为出卖财产时按规定支付的相关税。

（6）利息、股息、红利所得和偶然所得，以每次收入额为应纳税所得额。利息、股息、红利所得，以支付利息、股息、红利时取得的收入为一次。偶然所得，以每次取得该项收入为一次。

2. 税前扣除项目

（1）基本减除费用

基本减除费用标准是对个人收入征税时允许扣除的费用限额。当个人收入低于基本减除费用标准时，无须纳税；当个人收入高于基本减除费用标准时，则对减去基本减除费用标准后的个人收入征税。当前国家规定基本减除费用标准为 5 000 元（60 000 元 / 年）。

（2）专项扣除

按照国家规定的范围和标准缴纳的基本养老保险、基本医疗保险、失业保险等社会保险费和住房公积金属于专项扣除项目。

（3）专项附加扣除

在计算综合所得应纳税额时，除基本减除费用和专项扣除外，允许叠加扣除的项目称为专项附加扣除，包括子女教育、继续教育、大病医疗、住房贷款利息或者住房租金、赡养老人等支出。

《个人所得税专项附加扣除暂行办法》对专项附加扣除的相关规定如下:

1）子女教育。纳税人的子女接受全日制学历教育的相关支出，按照每个子女每月 1 000 元的标准定额扣除（父母可选择由其中一方按扣除标准的 100% 扣除，也可选择由双方分别按扣除标准的 50% 扣除）。

2）继续教育。纳税人在中国境内接受学历（学位）继续教育的支出，在学历（学位）教育期间按照每月 400 元定额扣除。同一学历（学位）继续教育的扣除期限不能超过 48 个月。纳税人接受技能人员职业资格继续教育、专业技术人员职业资格继续教育的支出，在取得相关证书的当年，按照 3 600 元定额扣除。

3）大病医疗。在一个纳税年度内，纳税人发生的与基本医疗保险相关的医药费用支出，扣除基本医疗保险报销后个人负担累计超过 15 000 元的部分，由纳税人在办理年度汇算清缴时，在 80 000 元限额内据实扣除。

4）住房贷款利息。纳税人本人或者配偶使用商业银行或者住房公积金个人住房贷款购买中国境内住房，发生的首套住房贷款利息支出，在实际发生贷款利息的年度，按照每月 1 000 元的标准定额扣除，扣除期限最长不超过 240 个月。纳税人只能享受一次首套住房贷款的利息扣除。

5）住房租金。纳税人在纳税人任职受雇的工作城市没有自有住房而发生的住房租金支出，直辖市、省会城市扣除标准为每月 1 500 元；市辖区户籍人口超过 100 万的城市，扣除标准为每月 1 100 元；市辖区户籍人口不超过 100 万的城市，扣除标准为每月 800 元。纳税人的配偶在纳税人的主要工作城市有自有住房的，视同纳税人在主要工作城市有自有住房。

值得注意的是，纳税人及其配偶在一个纳税年度内不能同时分别享受住房贷款利息和住房租金专项附加扣除。

6）赡养老人。纳税人赡养一位及以上被赡养人的赡养支出，纳税人为独生子女的，按照每月 2 000 元的标准定额扣除；纳税人为非独生子女的，由其与兄弟姐妹分摊每月 2 000 元的扣除额度，每人分摊的额度不能超过每月 1 000 元。

纳税人在享受专项附加扣除时，应当向扣缴义务人或者税务机关提交真实、准确、完整、有效的专项附加扣除相关信息。享受子女教育、继续教育、住房贷款利息或者住房租金、赡养老人专项附加扣除的纳税人，自符合条件开始，可以向支付工资、薪金所得的扣缴义务人提供上述专项附加扣除有关信息，由扣缴义务人在预扣预缴税款时，按其在本单位本年可享受的累计扣除额办理扣除，也可以在次年 3 月 1 日至 6 月 30 日内，向汇缴地主管税务机关办理汇算清缴申报时扣除。

纳税人同时从两处以上取得工资、薪金所得，并由扣缴义务人办理上述专项附加扣除的，对同一专项附加扣除项目，一个纳税年度内，纳税人只能选择从其中一处扣除。

享受大病医疗专项附加扣除的纳税人，由其在次年 3 月 1 日至 6 月 30 日内，自行向汇缴地主管税务机关办理汇算清缴申报时扣除。

纳税人未取得工资、薪金所得，仅取得劳务报酬所得、稿酬所得、特许权使用费所得需要享受专项附加扣除的，应当在次年 3 月 1 日至 6 月 30 日内，自行向汇缴地主管税务机关办理汇算清缴申报时扣除。

专项扣除、专项附加扣除和依法确定的其他扣除，以居民个人一个纳税年度的应纳税所得额为限额；一个纳税年度扣除不完的，不结转以后年度扣除（年度是指公历 1 月 1 日至 12 月 31 日）。

3. 个人公益性捐赠扣除

（1）个人通过公益性的社会团体和国家机关将其所得对教育、扶贫、济困等公益慈善事业进行捐赠，捐赠额未超过纳税人申报的应纳税所得额 30% 的部分，可以从其应纳税所得额中扣除；超过部分不得扣除。

（2）个人通过公益性的社会团体和国家机关向农村义务教育、红十字事业、公益性青少年活动场所、非营利性老年服务机构、中国教育发展基金会、宋庆龄基金等公益性事业的捐赠，准予在税前所得额中全额扣除。

4. 依法确定的其他扣除

依法确定的其他扣除是指企业年金、职业年金、个人购买符合国家规定的商业健康保险、税收递延型商业养老保险等支出。

二、个人所得税的计算

根据《个人所得税法》相关规定，不同的收入类型，确定了不同的个人所得税计算方式。

《国家税务总局关于发布〈个人所得税扣缴申报管理办法（试行）〉的公告》规定，扣缴义务人向居民个人支付劳务报酬所得、稿酬所得、特许权使用费所得时，预扣预缴个人所得税款。居民个人在办理年度综合所得汇算清缴时，应当依法计算劳务报酬、稿酬、特许权使用费所得的收入额，将其并入年度综合所得计算应纳个人所得税额。应纳税额与预扣预缴税额的差额，多退少补。

1. 综合所得应纳个人所得税的计算

计算公式如下：

应纳税所得额＝年度综合所得－基本费用－专项扣除－专项附加扣除－
依法确定的其他扣除

其中：

综合所得＝工资、薪金＋劳务报酬、特许权使用费 ×（1-20%）＋
稿酬 ×（1-20%）×70%

应纳个人所得税额＝综合所得 × 适用税率－速算扣除数

（1）工资、薪金所得应纳个人所得税的计算

1）日常工资、薪金。根据《国家税务总局关于全面实施新个人所得税法若干征管衔接问题的公告》规定，对于居民个人的工资、薪金所得的个人所得税的计算和缴纳，日常采取累计预扣法进行预扣预缴。累计预扣法是指扣缴义务人在一个纳税年度内预扣预缴税款时，以纳税人在本单位截至当前月份工资、薪金所得累计收入减除累计免税收入、累计减除费用、累计专项扣除、累计专项附加扣除和累计依法确定的其他扣除后的余额为累计预扣预缴应纳税所得额，适用个人所得税预扣率，计算累计应预扣预缴税额，再减除累计减免税额和累计已预扣预缴税额，其余额为本期应预扣预缴税额。余额为负值时，暂不退税。纳税年度终了后余额仍为负值时，由纳税人通过办理综合所得年度汇算清缴，税款多退少补。

具体计算公式如下：

累计预扣预缴应纳税所得额＝累计收入－累计免税收入－累计减除费用－
累计专项扣除－累计专项附加扣除－累计其他扣除

（累计减除费用 =5 000 元 / 月 × 纳税人当年截至本月在本单位的任职受雇月份数）

本期应预扣预缴税额 =（累计预扣预缴应纳税所得额 × 预扣率 – 速算扣除数）–累计减免税额 – 累计已预扣预缴税额

［例 6—1］假设某企业职工某年 1—3 月每月应发工资均为 9 800 元，每月减除费用为 5 000 元，专项扣除为 1 100 元，专项附加扣除合计 1 000 元，无其他个人所得税减免收入及减免税额等情况。要求计算该职工 1—3 月各月应预扣预缴个人所得税额。

【例题解析】依据税法规定，居民个人的工资、薪金等，日常采取累计预扣法进行预扣预缴。实际缴付的住房公积金、医疗保险金、基本养老保险金、失业保险金为税前专项扣除项。子女教育、继续教育、住房贷款利息或住房租金、赡养老人等支出在规定标准内为专项扣除附加项目，均准予税前扣除。基本减除费用为 5 000 元 / 月（60 000 元 / 年）。

该职工 1 月累计收入为 9 800 元，累计减除费用为 5 000 元，累计专项扣除为 1 100 元，累计专项附加扣除为 1 000 元。

累计预扣预缴应纳税所得额 = 累计收入 – 累计免税收入 – 累计减除费用 –累计专项扣除 – 累计专项附加扣除 – 累计其他扣除

=9 800–5 000–1 100–1 000=2 700（元）

依据表 6—2，适用税率 3%，速算扣除数 0。

应预扣预缴税额 =（累计预扣预缴应纳税所得额 × 预扣率 – 速算扣除数）–累计减免税额 – 累计已预扣预缴税额

=（2 700×3%–0）–0–0=81（元）

该职工 2 月累计收入为 9 800×2=19 600 元，累计减除费用为 5 000×2=10 000 元，累计专项扣除为 1 100×2=2 200 元，累计专项附加扣除为 1 000×2=2 000 元，累计已预扣预缴税额为 81 元。

累计预扣预缴应纳税所得额 = 累计收入 – 累计免税收入 – 累计减除费用 –累计专项扣除 – 累计专项附加扣除 – 累计其他扣除

=19 600–10 000–2 200–2 000=5 400（元）

依据表 6—2，适用税率为 10%，速算扣除数为 210。但是 5 400 元为 1—2 月累计所得，2 月应纳税所得额仍为 2 700 元，即 5 400÷2，故税率仍适用 3%，速算扣除数 0。

应预扣预缴税额 =（累计预扣预缴应纳税所得额 × 预扣率 – 速算扣除数）–

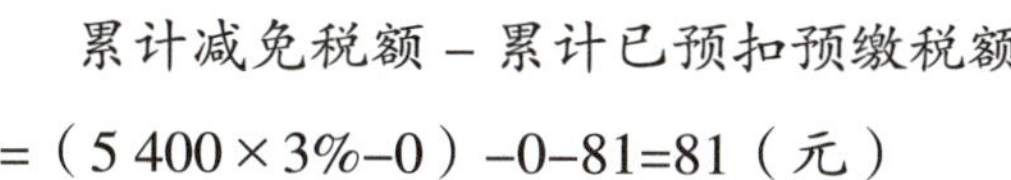

累计减免税额－累计已预扣预缴税额

=（5 400×3%-0）-0-81=81（元）

3 月累计收入为 9 800×3=29 400 元，累计减除费用为 5 000×3=15 000 元，累计专项扣除为 1 100×3=3 300 元，累计专项附加扣除为 1 000×3=3 000 元，累计已预扣预缴税额为 162 元。

累计预扣预缴应纳税所得额＝累计收入－累计免税收入－累计减除费用－累计专项扣除－累计专项附加扣除－累计其他扣除

=29 400-15 000-3 300-3 000=8 100（元）

依据表 6—2，适用税率 10%，速算扣除数 210。但是 8 100 元为 1—3 月累计所得，3 月应纳税所得额仍为 2 700 元，即 8 100÷3，故税率仍适用 3%，速算扣除数 0。

应预扣预缴税额＝（累计预扣预缴应纳税所得额 × 预扣率－速算扣除数）－累计减免税额－累计已预扣预缴税额

=（8 100×3%-0）-0-162=81（元）

［例 6—2］某企业职工王某 2019 年 1 月所得为：工资收入 9 900 元，月奖金 2 200 元，岗位津贴 2 400 元，单位发放的物资价值 1 600 元，取得省政府环保贡献专项奖 5 000 元，合计收入 21 100 元。王某当月按规定标准扣缴个人承担的住房公积金 1 320 元，基本养老保险金 1 480 元，医疗保险金 500 元，合计 3 300 元。专项扣除项目包括子女教育 800 元、继续教育 400 元、住房贷款利息 1 000 元、赡养老人 2 000 元，合计 4 200 元，经审核符合规定。假设王某 2 月没有专项奖金 5 000 元，单位也没发放物资，其余收入和扣除内容与 1 月相同。要求计算王某 2 月应纳个人所得税额。

【例题解析】依据税法规定，个人所得的形式包括现金、实物所得。

王某 2 月累计收入为（9 900+2 200+2 400）×2+1 600+5 000=35 600 元；累计减除费用为 5 000×2=10 000 元；累计专项扣除为 3 300×2=6 600 元；累计专项附加扣除为 4 200×2=8 400 元；累计预扣预缴税额为 150 元（3 600×10%-210）。

累计预扣预缴应纳税所得额＝累计收入－累计免税收入－累计减除费用－累计专项扣除－累计专项附加扣除－累计其他扣除

=35 600-5 000-10 000-6 600-8 400=5 600（元）

依据表 6—2，适用税率 10%，速算扣除数 210。但是，5 600 元为 1—2 月累计所得，2 月应纳税所得额为 2 000 元［（5 600-1 600）÷2］，故税率仍适用 3%，速算扣除数 0。

应预扣预缴个人所得税 =（累计预扣预缴应纳税所得额 × 预扣率 – 速算扣除数）– 累计减免税额 – 累计已预扣预缴税额

=（5 600 × 3%–0）–0–150=18（元）

2）全年一次性奖金。根据财政部、税务总局发布的《关于个人所得税法修改后有关优惠政策衔接问题的通知》规定，居民个人取得全年一次性奖金，在 2021 年 12 月 31 日前，不并入当年综合所得，以全年一次性奖金收入除以 12 个月得到的数额，根据按月换算后的综合所得税率表（见表 6—2）确定适用税率和速算扣除数，单独计算纳税。

计算公式为：

应纳个人所得税额 = 全年一次性奖金收入 × 适用税率 – 速算扣除数

居民个人取得全年一次性奖金，也可以选择并入当年综合所得计算纳税。

自 2022 年 1 月 1 日起，居民个人取得全年一次性奖金，应并入当年综合所得计算缴纳个人所得税。

［例 6—3］某员工 2018 年 12 月取得全年一次性奖金 24 000 元。要求计算该员工一次性奖金应纳个人所得税额。

【例题解析】纳税人取得全年一次性奖金不并入当年综合所得，单独计算纳税。税率是按“全年一次性奖金除以 12”作为应纳税所得额对应的税率。

该员工当月取得的全年一次性奖金除以 12 个月，即 24 000 ÷ 12=2 000（元）

依据表 6—2，适用税率 3%，速算扣除数 0。

应纳个人所得税额 = 应纳税所得额 × 适用税率

=24 000 × 3%–0=720（元）

3）解除劳动关系、内部退养、提前退休人员取得一次性补偿收入。根据国家税务局《关于个人所得税法修改后有关优惠政策衔接问题的通知》规定，解除劳动关系、内部退养、提前退休人员取得一次性补偿收入应纳个人所得税的计算方法如下：

个人与用人单位解除劳动关系取得一次性补偿收入（包括用人单位发放的经济补偿金、生活补助费和其他补助费），在当地上年职工平均工资 3 倍数额以内的部分，免征个人所得税；超过 3 倍数额的部分，不并入当年综合所得，单独适用综合所得税率表计算纳税。

个人办理提前退休手续而取得的一次性补贴收入，应按照办理提前退休手续

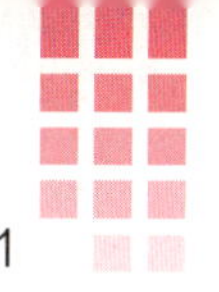

至法定离退休年龄之间实际年度数平均分摊，确定适用税率和速算扣除数，单独适用综合所得税率表计算纳税。

计算公式为：

应纳个人所得税额 ={〔(一次性补贴收入 ÷ 办理提前退休手续至法定退休年龄的实际年度数)－费用扣除标准〕× 适用税率－速算扣除数}× 办理提前退休手续至法定退休年龄的实际年度数

未达到离退休年龄，提前离岗且未办理离退休手续（内部退养）的职工，从原任职单位取得的工资、薪金，不属于离退休工资，应按工资、薪金所得计算缴纳个人所得税。在办理内部退养（提前离岗）手续后，从原任职单位取得的一次性收入，应按办理内部退养手续后至法定离退休年龄之间的所属月份进行平均，并与领取当月的工资、薪金所得合并，减去当月费用扣除标准后，以余额为基数确定适用税率和对应的速算扣除数，然后再将当月工资、薪金所得加上取得的一次性收入，减去费用扣除标准，按照已确定的税率计算缴纳个人所得税。

个人在办理内部退养手续后至法定离退休年龄之间重新就业，取得的工资、薪金所得，应与其从原单位取得的同一月份的工资、薪金所得合并计算缴纳个人所得税。

［例 6—4］某电信企业某年 6 月经改组、改制后，将一部分职工在不解除劳动合同的情况下，根据他们的剩余工龄发给一次性收入后，办理了退养手续。其中，职工刘某离法定退休期限还差 4 年零 2 个月（50 个月）。刘某 6 月办理内部退养手续后一次性取得补贴收入 30 万元，当月应领工资 4 380 元。假设无专项附加扣除项，要求计算刘某 6 月应纳个人所得税额。

【例题解析】内部退养的职工，从原任职单位取得的工资、薪金，不属于离退休工资，应按工资、薪金所得计算缴纳个人所得税。

刘某一次性取得补贴在退养期间月平均数 =300 000 ÷ 50=6 000（元）

确定适用税率的应纳税所得额 =6 000+4 380–5 000=5 380（元）

依据表 6—2，适用税率 10%，速算扣除数 210。

应纳税所得额 = 一次性补贴 + 月工资薪金 – 费用扣除额

=300 000+4 380–5 000=299 380（元）

应纳个人所得税额 = 应纳税所得额 × 适用税率 – 速算扣除数

=299 380 × 10%–210=29 728（元）

（2）劳务报酬所得应纳个人所得税的计算

《个人所得税法》规定，劳务报酬所得以收入减除 20% 的费用后的余额为收入额。对于两个或者两个以上的个人共同取得同一项目劳务报酬所得，应对每个人取得的实际收入分别计税。

应纳税所得额 = 劳务报酬收入 ×（1–20%）

应纳个人所得税额 = 应纳税所得额 × 适用税率 – 速算扣除数

［例 6—5］某企业职工王某 2019 年 1 月所得见例 6—2，假设该职工 2 月没有专项奖金 5 000 元，单位也没发放物资，但 2 月王某取得提供技术服务的劳务报酬 80 000 元，其余收入和扣除内容与 1 月相同。要求计算王某 2 月应纳个人所得税额。

【例题解析】根据税法规定，居民个人的工资、薪金、奖金、津贴、补贴等应缴纳个人所得税，由任职企业作为扣缴义务人，日常采取累计预扣法进行预扣预缴。取得的劳务报酬所得，由支付人作为扣缴义务人，在支付时进行预扣预缴税款。年度汇算清缴时，将其收入额并入年度综合所得计算应纳税款，税款多退少补。

王某在计算 2 月应纳个人所得税时，应分为两个部分，工资、薪金由任职单位代扣代缴，这部分的计算在例 6—2 中已述，不再重复。

王某提供技术服务劳务报酬应纳个人所得税为：

应纳税所得额 = 劳务报酬收入 ×（1–20%）

= 80 000 × 80%=64 000（元）

依据表 6—2，适用税率 10%，速算扣除数 2 520。

应纳个人所得税额 = 应纳税所得额 × 适用税率 – 速算扣除数

= 64 000 × 10%–2 520=3 880（元）

（3）稿酬所得应纳个人所得税的计算

［例 6—6］某电视剧编剧于某年 12 月一次性取得当年稿酬 75 万元，该编剧当年无其他收入。假设当年该编剧按规定标准缴纳住房公积金 15 840 元，基本养老保险金 17 760 元，医疗保险金 6 000 元，合计 39 240 元。发生的子女教育、住房贷款利息、赡养老人等支出 10 万元，专项附加扣除项目符合税法规定标准金额为 48 000 元。要求计算该编剧当年应纳个人所得税额。

【例题解析】依据税法规定，居民个人稿酬所得以收入减除 20% 的费用后再减按 70% 的收入额，并入工资、薪金计算个人所得税。稿酬所得属于一次性收入的，以取得该项收入为一次。该编剧所得为全年一次性所得，且无其他工资、薪金，实际缴付的住房公积金、医疗保险金、基本养老保险金、失业保险金为税前专项扣除项。子女教育、继续教育、住房贷款利息或住房租金、赡养老人等支

出在规定标准内为专项附加扣除项目，均准予税前扣除。基本减除费用为 5 000 元 / 月（60 000 元 / 年）。

综合所得 = 工资、薪金 + 劳务报酬、特许权使用费 ×（1–20%）+ 稿酬 ×（1–20%）×70%

= 750 000×（1–20%）×70%

= 420 000（元）

应纳税所得额 = 综合所得 – 基本费用 – 专项扣除 – 专项附加扣除 – 其他扣除

= 420 000–60 000–39 240–48 000

= 272 760（元）

依据表 6—1，适用税率 20%，速算扣除数 16 920。

应纳个人所得税额 = 应纳税所得额 × 适用税率 – 速算扣除数

= 272 760×20%–16 920

= 37 632（元）

（4）特许权使用费所得应纳个人所得税的计算

居民个人特许权使用费所得为收入减除 20% 费用后的收入额。扣缴义务人向居民个人支付特许权使用费所得时，进行预扣预缴税款。

[例 6—7] 某工程师于 2018 年 11 月将自己研制的一项专利技术使用权有偿转让给甲公司使用五年。按照协议，当月甲公司一次性支付给该工程师使用费 18 万元。同时该工程师还将此专利技术使用权有偿转让给乙公司，协议规定使用费用 5 万元，使用时间 2 个月。该工程师当月收到乙公司支付的 3 万元使用费，另 2 万元下月支付。要求计算当月该工程师此项专利使用权转让费应纳个人所得税额。

【例题解析】特许权使用费所得属于一次性收入的，以取得该项收入为一次；属于同一项目连续性收入的，以一个月内取得的收入为一次。

应纳税所得额 = 特许权使用费收入 ×（1–20%）

=（180 000+30 000）×（1–20%）=168 000（元）

依据表 6—1，适用税率 20%，速算扣除数 16 920。

应纳个人所得税额 = 应纳税所得额 × 适用税率 – 速算扣除数

= 168 000×20%–16 920=16 680（元）

2. 经营所得应纳个人所得税的计算

经营所得包括个体工商户、个人独资企业投资人、合伙企业合伙人生产经营所得和个人经政府有关部门批准，取得执照，从事办学、医疗、咨询及其他有偿服务活动取得的所得以及个人承包、承租、转包等经营所得。

经营所得应纳税所得额为每一纳税年度的收入总额减除成本、费用以及损失后的余额。对取得经营所得的个人，没有综合所得的，计算其每一纳税年度的应纳税所得额时，应当减除基本费用 6 万元以及专项扣除、专项附加扣除等其他扣除。

纳税人取得经营所得，按年计算个人所得税，由纳税人在月度或者季度终了后 15 日内向税务机关报送纳税申报表，并预缴税款；在取得所得的次年 3 月 31 日前办理汇算清缴。

计算公式为：

应纳税所得额 = 经营年度收入 – 成本 – 费用 – 损失

应纳个人所得税额 = 应纳税所得额 × 适用税率 – 速算扣除数

（1）个人独资企业投资人、合伙企业合伙人生产经营应纳个人所得税的计算

对个人独资企业和合伙企业生产经营所得，应纳个人所得税的计算有查账征税和核定征收两种方法。

1）查账征收方法。注意掌握计算个人独资企业和合伙企业生产经营所得扣除项目的有关规定。从总体上看，扣除的标准与企业所得税的标准基本相同，具体规定见表 6—4。

表 6—4　个人独资企业和合伙企业生产经营所得扣除项目及标准

扣除项目	扣除标准
员工工资	向其他从业人员实际支付的工资、三险一金可以据实扣除
投资者费用	42 000 元 / 年（投资者工资不可扣除）
三项经费	拨缴的工会经费、发生的职工福利费、职工教育经费支出分别在工资、薪金总额的 2%、14%、2.5% 的标准内据实扣除
业务招待费	按照发生额的 60% 扣除，但最高不得超过当年销售（营业）收入的 5‰
广告费和业务宣传费	不超过当年销售（营业）收入 15% 的部分，可据实扣除；超过部分，准予在以后纳税年度结转扣除
准备金	企业计提的各种准备金不得扣除

个人独资企业和合伙企业投资者及其家庭发生的生活费用不允许在税前扣除。投资者及其家庭发生的生活费用与企业生产经营费用混合在一起，并且难以

划分的，全部视为投资者个人及其家庭发生的生活费用，不允许在税前扣除。

企业生产经营和投资者及其家庭生活共用的固定资产难以划分的，由主管税务机关根据企业的生产经营类型、规模等具体情况，核定准予在税前扣除的折旧费用的数额或比例。

实行查账征收方法应纳个人所得税的计算公式如下：

应纳税所得额 = 全年收入总额 – 成本、费用、损失

应纳个人所得税额 = 应纳税所得额 × 适用税率 – 速算扣除数

［例 6—8］某个体工商户全年取得生产经营所得 18 万元，当年度已预缴个人所得税 3 000 元。经税务机关核定其成本、费用及损失合计为 1.26 万元。要求计算当年该个体工商户应纳个人所得税额。

【例题解析】

应纳税所得额 = 全年收入总额 – 成本、费用、损失

= 180 000–126 000=54 000（元）

依据表 6—3，适用税率 10%，速算扣除数 1 500。

应纳个人所得税额 = 应纳税所得额 × 适用税率 – 速算扣除数

= 54 000×10%–1 500=3 900（元）

2）核定征收方法。核定征收包括定额征收、核定应税所得率征收以及其他合理的征收方式。定额征收是指个人独资企业和合伙企业按照税务部门依法核定的应纳个人所得税税额按期缴纳。核定应税所得率征收应纳个人所得税的计算公式如下：

个人应纳税所得额 = 收入总额 × 应税所得率

或 = 成本费用支出额 ÷（1– 应税所得率）× 应税所得率

应纳个人所得税额 = 应纳税所得额 × 适用税率

应税所得率应按表 6—5 规定的标准执行。

表 6—5　　应税所得率表

经营行业	应税所得率（%）	备　注
工业、交通运输业、商业	5 ~ 20	
建筑业、房地产开发业	7 ~ 20	
饮食服务业	7 ~ 25	
娱乐业	20 ~ 40	
其他行业	10 ~ 30	

值得注意的是：企业经营多业的，无论其经营项目是否单独核算，均应根据其主营项目确定其适用的应税所得率。实行查账征收方式的个人独资企业和合伙企业改为核定征收方式后，在查账征收方式下认定的年度经营亏损未弥补完的部分，不得再继续弥补。

（2）对企事业单位的承包经营、承租经营所得应纳个人所得税的计算

个人对企事业单位的承包经营、承租经营所得是指个人承包经营、承租经营以及转包、转租取得的所得，包括个人按月或者按次取得的工资、薪金性质的所得。

个人对企事业单位的承包经营、承租经营取得所得缴纳个人所得税，有以下几种情况：

1）承包、承租人对企业经营成果不拥有所有权，仅是按合同（协议）规定取得一定所得的，其所得按工资、薪金所得项目计征个人所得税，适用3% ~ 45% 的九级超额累进税率。

2）承包、承租人按合同的规定只向发包、出租方缴纳一定费用后，企业经营成果归其所有的，承包、承租人取得的所得，按经营所得项目计征个人所得税，适用 5% ~ 35% 的五级超额累进税率。

3）企业实行个人承包、承租经营后，如工商登记改变为个体工商户的，应依照个体工商户的生产经营所得项目计征个人所得税。

4）企业实行承包经营、承租经营后，不能提供完整、准确的缴税资料，正确计算应纳税所得额的，由主管税务机关核定其应纳税所得额，并依据《中华人民共和国税收征收管理法》（以下简称《税收征收管理法》）的有关规定，确定征收方式。

［例 6—9］某年 1 月 1 日，某个人与事业单位签订承包合同经营招待所，承包期为 3 年。当年招待所实现承包经营利润 21 万元，按合同规定承包人当年应从承包经营利润中上交承包费 5 万元。承包人当年没有综合所得，当年支付三险一金共 2.8 万元；发生的子女教育、住房贷款利息、赡养老人等支出 3.5 万元，专项附加扣除限额为 2.2 万元。要求计算承包人当年应纳个人所得税额。

【例题解析】

应纳税所得额 = 经营利润 – 上交费用 – 基本费用 – 专项扣除 – 专项附加扣除

= 210 000–50 000–5 000 × 12–28 000–22 000

= 50 000（元）

依据表 6—3，适用税率 10%，速算扣除数 1 500。

应纳个人所得税额 = 应纳税所得额 × 适用税率 – 速算扣除数

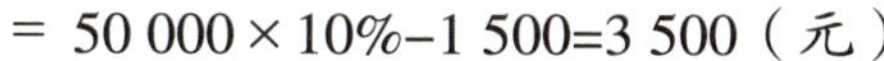

= 50 000×10%−1 500=3 500（元）

3. 财产租赁所得应纳个人所得税的计算

财产租赁所得以一个月内取得的收入为一次，按次计征个人所得税。对一次取得属于数月、数年的租金收入，可以根据合同和实际所得所属月份分别计算。每次收入不超过 4 000 元的，减除费用 800 元。4 000 元以上的，减除 20%的费用，其余额为应纳税所得额，适用税率为 20%。计算公式如下:

应纳税所得额 =（每次收入≤ 4 000 元）−800 元 − 合理费用

或 =（每次收入 > 4 000 元）×（1−20%）− 合理费用

应纳个人所得税额 = 应纳税所得额 ×20%

合理费用包括纳税人在出租财产过程中缴纳的税金、教育费附加，可凭完税凭证从财产租赁收入中扣除。由纳税人负担的该出租财产实际开支的修缮费用，必须是实际发生并能够提供有效、准确凭证的支出，以每次扣除 800 元为限，一次扣除不完的，可以继续扣除，直至扣完为止。

［例 6—10］张某将自家城内房屋出租给某企业，每月取得租金 3 000 元，假设按规定缴纳各种税费 600 元（房产税、城市维护建设税、教育费附加等）。要求计算张某应纳个人所得税额。

【例题解析】

应纳税所得额 =（每次收入≤ 4 000 元）−800 元 − 合理费用

= 3 000−800−600=1 600（元）

应纳个人所得税额 = 应纳税所得额 ×20%

= 1 600×20%=320（元）

4. 财产转让所得应纳个人所得税的计算

财产转让所得按次计征个人所得税，以一次转让财产所有权的收入额（不管分多少次支付，均应合并为一次转让财产收入）减去财产原值和合理费用后的余额计税，税率适用 20%。计算公式如下:

应纳税所得额 = 每次转让财产收入额 − 财产原值 − 合理费用

应纳个人所得税额 = 应纳税所得额 ×20%

确定财产原值，有以下几种情况:

一是有价证券，为买入价以及买入时按照规定缴纳的有关费用。

二是建筑物，为建造费或者购进价格以及其他有关费用。

三是土地使用权，为取得土地使用权所支付的金额、开发土地的费用以及其他有关费用。

四是机器设备、车船，为购进价格、运输费、安装费以及其他有关费用。

五是其他财产原值，参照以上四种办法确定。

财产原值的确定，个人必须提供有关的合法凭证。对未能提供完整、准确的财产原值合法凭证而不能正确计算财产原值的，税务部门可根据当地实际情况核定其财产原值或实行核定征收。例如房产转让，如果纳税人不能准确提供房产原值和有关税费凭证，无法确定房产原值时，税务机关可以综合考虑该项房产的坐落地、建造时间、当地房价、面积等因素，按房产转让收入额的一定比例核定征收个人所得税。

合理费用是指个人在卖出财产时按有关规定所支付的费用，如营业税及其附加、中介服务费、资产评估费等。

［例 6—11］某人将个人所拥有的一辆汽车以 120 000 元价格卖给他人。该汽车原购买价 80 000 元，另缴纳车辆购置等各种税费 10 000 元。在交易时支付有关手续费及税费 12 000 元。要求计算该人转让汽车的应纳个人所得税额。

【例题解析】

应纳税所得额 = 每次转让财产收入额 – 财产原值 – 合理费用

= 120 000–80 000–10 000–12 000=18 000（元）

应纳个人所得税额 = 应纳税所得额 ×20%

= 18 000×20%=3 600（元）

5. 利息、股息、红利所得应纳个人所得税的计算

利息、股息、红利所得按次计税，以支付利息、股息、红利时取得的收入为一次。储蓄存款利息、国债和国家发行的金融债券利息免征个人所得税。以每次利息、股息、红利所得为应纳税所得额，适用 20%的税率。计算公式如下：

应纳个人所得税额 = 利息收入 ×20%

［例 6—12］卫某于年初取得单位投资款的利息收入 1 000 元。要求计算卫某应纳个人所得税额。

【例题解析】

应纳个人所得税额 = 利息收入 ×20%

= 1 000×20%=200（元）

6. 偶然所得应纳个人所得税的计算

个人得奖、中奖、中彩以及其他偶然性质所得以每次取得的收入为一次，适用 20%的税率。计算公式如下：

应纳个人所得税额 = 偶然所得收入 ×20%

［例 6—13］某人在商场有奖销售活动中获得实物奖品自动洗衣机一台（市场售价 2 800 元）。要求计算其应纳个人所得税额。

【例题解析】

应纳个人所得税额 = 每次所得收入额 ×20%

= 2 800×20%=560（元）

三、综合所得汇算清缴

综合所得汇算清缴是指纳税人在纳税年度终了后规定时期内，依照税法规定，自行汇总计算全年取得的综合所得收入额，汇总后适用统一的扣除规定，按照适用的税率计算应纳税额，结合已扣缴税款，确定该年度应补或应退税额，并填写年度纳税申报表，向主管税务机关办理年度纳税申报、结清全年税款的行为。

1. 综合所得汇算清缴的范围

（1）从两处以上取得综合所得，且综合所得年收入额减除专项扣除的余额超过 6 万元。

（2）取得劳务报酬所得、稿酬所得、特许权使用费所得中一项或者多项所得，且综合所得年收入额减除专项扣除的余额超过 6 万元。

（3）纳税年度内预缴税额低于应纳税额。

（4）纳税人申请退税。

另外需要办理汇算清缴的情形有：仅取得劳务报酬所得、稿酬所得、特许权使用费所得需要享受专项附加扣除的（在纳税年度内的预缴税额不低于应纳税额、不需要享受专项附加扣除或没有专项附加扣除的，可以不办理汇算清缴）；预扣预缴税款环节未享受或未足额享受专项附加扣除的；享受大病医疗专项附加扣除的和移居境外注销中国户籍的。

2. 综合所得汇算清缴的时间

居民个人取得综合所得按年计算个人所得税，需要办理汇算清缴的，应当在取得所得的次年3月1日至6月30日内办理汇算清缴。

3. 综合所得汇算清缴具体经办人

取得综合所得的纳税人，可以由本人或委托代理人进行汇算清缴，也可以由扣缴义务人进行汇算清缴。

4. 综合所得汇算清缴注意事项

需要汇算清缴的个人当年综合所得无论最终计算出来的结果是否补税、退税，均需要办理汇算清缴。新修订的《个人所得税法》和《税收征收管理法》规定，未按照规定办理纳税申报，造成少缴税款会被追缴税款、滞纳金，还可能被处以0.5～5倍税款的罚款。

5. 汇算清缴的计算

综合所得年度应纳个人所得税额＝（综合所得－专项扣除－60 000元－专项附加扣除－依法确定的其他扣除）×税率－年度速算扣除数

综合所得＝工资、薪金所得＋（劳务报酬所得＋特许权使用费）×80%+稿酬所得 ×80%×70%

当年退、补税额＝年度应纳个人所得税额－当年已预扣预缴个人所得税额

（1）居民个人工资、薪金所得汇算清缴。

［例6—14］资料见例6—1，假设该职工全年每月应发工资、减除的基本费用、专项扣除以及专项附加扣除均相同。无其他个人所得税减免收入及减免税额等情况。要求对该职工综合所得进行汇算清缴，确认其退补税款。

【例题解析】

（1）每月应纳税所得额为2 700元，预扣预缴个人所得税81元。全年累计应纳税所得额为32 400元（2 700×12），全年已预扣预缴个人所得税972元（81×12）（计算过程见例6—1）。

（2）个人所得税年终汇算

全年收入：9 800×12=117 600（元） 基本费用：5 000×12=60 000（元）

专项扣除：1 100×12=13 200（元） 专项附加扣除：1 000×12=12 000（元）

应纳税所得额 =11 760–60 000–13 200–12 000=32 400（元）

依据6—1，适用税率3%，速算扣除数0。

应纳个人所得税额 =32 400×3%–0=972（元）

当年退、补税额 = 年度应缴个人所得税额 – 当年已预缴个人所得税额

= 972–972=0（元）

［例 6—15］某企业管理人员李某某年每月应发工资均为 30 000 元，每月减除费用 5 000 元，专项扣除为 4 500 元，享受子女教育、赡养老人两项专项附加扣除共计 2 000 元，假设没有减免收入及减免税额等情况。要求计算李某每月预扣预缴个人所得税并进行年终汇算，确认其退补税款。

【例题解析】

（1）各月预扣预缴

1 月：

应纳税所得额 =（30 000–50 00–4 500–2 000）=18 500（元）

依据表 6—1，适用税率 20%，速算扣除数 1 410。

预扣预缴个人所得税 =18 500 × 20%–1 410=2 290（元）

2 月：

应纳税所得额 =（30 000 × 2–5 000 × 2–4 500 × 2–2 000 × 2）

=（60 000–10 000–9 000–4 000）=37 000（元）

依据表 6—1，适用税率 30%，速算扣除数 4 410。但 37 000 为 1—2 月累计所得，实际 2 月所得为 37 000 ÷ 2=18 500 元，故仍适用税率 20%，速算扣除数 1 410。累计预扣预缴个人所得税 2 290 元。

预扣预缴个人所得税 =37 000 × 20%–1 410 × 2–2 290=2 290（元）

3 月：

应纳税所得额 =（30 000 × 3–5 000 × 3–4 500 × 3–2 000 × 3）

=（90 000–15 000–13 500–6 000）=55 500（元）

依据表 6—1，适用税率 35%，速算扣除数 7 160。但 37 000 为 1—3 月累计所得，实际 3 月所得为 55 500 ÷ 3=18 500 元，故仍适用税率 20%，速算扣除数 1 410，累计预扣预缴个人所得税 4 580。

预扣预缴个人所得税 =55 500 × 20%–1 410 × 3–4 580=2 290（元）

假设每个月都是上述操作，则全年累计数为：

应纳税所得额 =18 500 × 12=222 000（元）

预扣预缴个人所得税 =2 290 × 12=27 480（元）

（2）个人所得税年终汇算

收入：30 000 × 12=360 000（元） 基本费用：5 000 × 12=60 000（元）

专项扣除：4 500 × 12=54 000（元） 专项扣除附加：2 000 × 12=24 000（元）

应纳税所得额 =360 000–60 000–54 000–24 000=222 000（元）

依据表 6—1，适用税率为 20%，速算扣除数为 16 920。

应纳个人所得税额 =222 000×20%–16 920=27 480（元）

当年退、补税额 = 年度应纳个人所得税额 – 当年已预缴个人所得税额

= 27 480–27 480=0（元）

通过以上两例可以看到，累计预扣预缴个人所得税额与年终汇算的应纳个人所得税额是一致的。也就是说对于大部分只有一处工资、薪金所得的纳税人，且纳税人涉税情况比较稳定，排除其他异常情况，纳税年度终了时预扣预缴的税款基本上等于年度应纳税款，因此无须再办理自行纳税申报、汇算清缴手续。

（2）居民个人劳务报酬所得、稿酬所得、特许权使用费所得汇算清缴。

［例 6—16］接上例，假设李某每月取得劳务报酬所得 8 000 元。当年 11 月取得稿酬所得 40 000 元，当年 12 月又取得特许权使用费所得 2 000 元。每月没有其他综合所得收入。每月减除费用 5 000 元，专项扣除为 4 500 元，享受子女教育、赡养老人两项专项附加扣除共计 2 000 元，假设没有减免收入及减免税额等情况。要求计算李某每月预扣预缴个人所得税并进行年终汇算，确认其退补税款。

【例题解析】

（1）预扣预缴个人所得税

每月劳务应纳税所得额 =8 000×（1–20%）=6 400（元）

每月预扣预缴个人所得税 =6 400×10%–210=430（元）

1 ~ 12 月劳务费预扣预缴个人所得税 =430×12=5 160（元）

11 月稿酬应纳税所得额 =（40 000–40 000×20%）×70%=22 400（元）

预扣预缴个人所得税 =22 400×20%–1 410=3 070（元）

12 月特许权使用费应纳税所得额 =2 000×（1–20%）=1 600（元）

预扣预缴个人所得税 =1 600×3%–0=48（元）

当年合计预扣预缴个人所得税 =5 160+3 070+48=8 278（元）

（2）个人所得税年终汇算

综合应纳税所得额 = 工资、薪金所得 +（劳务报酬所得 + 特许权使用费）×

80%+ 稿酬所得 ×80%×70%

= 76 800+22 400+1 600=100 800（元）

应纳个人所得税额 =（综合所得 – 基本费用 – 专项扣除 – 专项附加扣除 –

依法确定的其他扣除）× 税率 – 年度速算扣除数

= 100 800-（5 000+4 500+2 000）×12=-37 200（元）

通过年终汇算，李某不需要缴纳个人所得税，已预扣预缴个人所得税 37 200 元，纳税人可以向主管税务机关办理退税。

（3）居民个人工资、薪金所得和其他三项综合所得个税汇算。

［例 6—17］沿用例 6—15 和例 6—16 相关数据，要求计算李某每月预扣预缴个人所得税并进行年终汇算，确认其退补税款。

【例题解析】本例是对例 6—15 工资、薪金所得，例 6—16 劳务报酬、稿酬、特许权使用费所得的综合汇算。年度内个人所得税预扣预缴计算过程在例 6—15 和例 6—16 中已述，不再重复。

年度预扣预缴汇总数：

应纳税所得额 =360 000+76 800+22 400+1 600=460 800（元）

预扣预缴个人所得税 =27 480+5 160+3 070+48=35 758（元）

年终汇算清缴计算：

工资、薪金所得 =300 000×12=360 000（元）

劳务报酬所得 =8 000×12×（1-20%）=76 800（元）

稿酬所得 =40 000×（1-20%）×70%=22 400（元）

特许权使用费所得 =2 000×（1-20%）=1 600（元）

综合所得 =360 000+76 800+22 400+1 600=460 800（元）

各项扣除总额 =（5 000+4 500+2 000）×12=138 000（元）

应纳税所得额 =460 800-138 000=322 800（元）

依据表 6—1，适用税率 25%，速算扣除数 31 920。

应纳个人所得税额 =322 800×25%-31 920=48 780（元）

当年要补缴或者退税额 = 年度应纳个人所得税额 - 已预扣预缴个人所得税

= 48 780-35 758=13 022（元）

通过年终汇算，李某应补缴个人所得税 13 022 元。

［例 6—18］接上例，假设李某当年个人通过公益性的社会团体向农村义务教育捐赠 150 000 元；发生大病医疗支出 36 600 元，经审核符合政策规定，准予税前扣除；当年已预扣预缴个人所得税 35 758 元。要求计算李某每月预扣预缴个人所得税并进行年终汇算，确认其退补税款。

【例题解析】

应纳税所得额 =（综合所得 - 基本费用 - 专项扣除 - 专项附加扣除 - 其他扣除）

= 460 800-138 000-150 000-36 600=136 200（元）

依据表 6—1，适用税率 10%，速算扣除数 2 520。

应纳个人所得税额 = 应纳税所得额 × 适用税率 – 速算扣除数

= 136 200 × 10%–2 520=11 100（元）

当年要补缴或者退税额 = 年度应纳个人所得税额 – 已预扣预缴个人所得税

= 11 100–35 758=–24 658（元）

通过年终汇算，李某可以向主管税务机关办理退税款 24 658 元。

第三节 个人所得税纳税申报

一、个人所得税的纳税申报方式

个人所得税的纳税申报方式主要有两种：一是代扣代缴，二是自行纳税申报。

1. 代扣代缴方式

代扣代缴是指按照税法规定负有扣缴税款义务的扣缴义务人，在向个人支付应税所得时，应计算应纳税额，从其所得中扣除并缴入国库，同时向税务机关报送扣缴个人所得税报告表。

（1）扣缴义务人

凡支付个人应税所得的企业（公司）、事业单位、机关、社会组织、军队、驻华机构、个体户等单位和个人。

（2）代扣代缴的范围

扣缴义务人向个人支付下列所得，应代扣代缴个人所得税：

1）工资、薪金所得。

2）劳务报酬所得。

3）稿酬所得。

4）特许权使用费所得。

5）经营所得。

6）利息、股息、红利所得。

7）财产租赁所得。

8）财产转让所得。

9）偶然所得和其他所得。

扣缴义务人对个人支付各类应税所得（包括现金、实物和有价证券），应代扣代缴个人所得税。纳税人要留存与纳税有关的资料备查，首次取得应税所得或者首次办理纳税申报，要如实提供纳税人识别号，按月或者按次预扣预缴税款。

2. 自行纳税申报方式

自行纳税申报是指依据《个人所得税法》规定，纳税人需要自行到主管税务机关办理纳税申报，并报送《个人所得税年度申报表》（见表6—6）。根据《个人所得税法修正案（草案）》，须自行纳税申报的主要情形包括：一是取得综合所得需要办理汇算清缴；二是取得应税所得没有扣缴义务人；三是扣缴义务人未扣缴税款；四是取得境外所得；五是因移居境外注销中国户籍；六是非居民个人在中国境内从两处以上取得工资、薪金所得。

二、个人所得税的纳税地点

1. 个人所得税自行申报的，其申报地点一般应为收入来源地的主管税务机关。

2. 纳税人有两处以上任职、受雇单位的，选择向其中一处任职、受雇单位所在地主管税务机关办理纳税申报；纳税人没有任职、受雇单位的，向户籍所在地或经常居住地主管税务机关办理纳税申报。

3. 从境外取得所得的，应向其境内户籍所在地或经营居住地税务机关申报纳税。

4. 扣缴义务人应向其主管税务机关进行纳税申报。

5. 个人独资企业和合伙企业投资者应向企业实际经营管理所在地主管税务机关申报缴纳个人所得税。

三、个人所得税的纳税申报期限

1. 工资、薪金所得纳税申报期限

扣缴义务人向居民个人支付工资、薪金所得时，应当按照累计预扣法计算预扣税款，在次月15日内，向主管税务机关报送其支付所得的所有个人有关信息、支付所得数额、扣除事项和数额、扣缴税款的具体数额和总额以及其他相关涉税信息资料。并向税务机关报送《个人所得税扣缴申报表》（见表6—7）。

表 6—6

个人所得税年度申报表

纳税年度：自　年　月　日至　年　月　日　　　　填表日期：　年　月　日

纳税编码：　　　　　　　　　　　　　　　　　　金额单位：人民币元

根据《中华人民共和国个人所得税法》第七条和第九条的规定制定本表，纳税人应在年度终了 30 日内将税款缴入国库，并向当地税务机关报送本表。

纳税人姓名			国籍					抵华日期					
在中国境内住址	省、市、县、街道及号数（包括公寓号码）________公寓________街道　　县 / 市　　省												
在中国境内通信地址								邮编			电话		
职业			服务单位			服务地点							
中国境内所得已纳税额					境外所得应纳税额								
所得项目	所得期间	应纳所得税额	已纳税所得额	自缴或扣缴	所得项目	收入额	减除费用额	应纳税所得额	税率	速算扣除数	应纳所得税额	境外已缴税额	
授权代理人	（如果你已委托代理人，请填写下列资料） 为代理一切税务事宜，现授权________（地址）________为本人代理申报人，任何与本申报表有关的来往文件都可寄与此人。 授权人签字：________				声明	我声明：此纳税申报表是根据《中华人民共和国个人所得税法》的规定填报的，我确信它是真实的、可靠的、完整的。 声明人签字：________							
代理申报人签字：　　　　纳税人：（签字或盖章）													
以下由税务机关填写													

收到日期			接收人		审核日期		主管税务机关盖章： 主管税务人员签字：
境外税额的扣除计算	扣除限额		审核记录				
	实际扣除额						
	上年抵免的或结转的税额						
	应补缴的税额						

国家税务总局监制

表 6—7

个人所得税扣缴申报表

税款所属期： 年 月 日至 年 月 日

扣缴义务人名称： 扣缴义务人纳税人识别号（统一社会信用代码）：□□□□□□□□□□□□□□□□□□□□金额单位：人民币元（列至角分）

序号	姓名	身份证件类型	身份证件号码	纳税人识别号	是否为非居民个人	所得项目	本月（次）情况														累计情况（工资、薪金）									减按计税比例	准予扣除的捐赠额	税款计算							备注
							收入额计算				专项扣除				其他扣除									累计专项附加扣除															
							收入	费用	免税收入	减除费用	基本养老保险费	基本医疗保险费	失业保险费	住房公积金	年金	商业健康保险	税延养老保险	财产原值	允许扣除的税费	其他	累计收入额	累计减除费用	累计专项扣除	子女教育	赡养老人	住房贷款利息	住房租金	继续教育	累计其他扣除			应纳税所得额	税率/预扣率	速算扣除数	应纳税额	减免税额	已扣缴税额	应补（退）税额	
1	2	3	4	5	6	7	8	9	10	11	12	13	14	15	16	17	18	19	20	21	22	23	24	25	26	27	28	29	30	31	32	33	34	35	36	37	38	39	40
合计																																							

谨声明：本扣缴申报表是根据国家税收法律法规及相关规定填报的，是真实的、可靠的、完整的。

扣缴义务人（签章）： 年 月 日

代理机构签章： 代理机构统一社会信用代码： 经办人签字： 经办人身份证件号码：	受理人： 受理税务机关（章）： 受理日期： 年 月 日

国家税务总局监制

2. 取得经营所得纳税申报期限

个体工商户业主、个人独资企业投资者、合伙企业个人合伙人、承包承租经营者个人以及其他从事生产经营活动的个人取得经营所得，包括以下情形：

（1）个体工商户从事生产经营活动取得的所得，个人独资企业投资人、合伙企业的个人合伙人来源于境内注册的个人独资企业、合伙企业生产经营的所得。

（2）个人依法从事办学、医疗、咨询以及其他有偿服务活动取得的所得。

（3）个人对企业、事业单位承包经营、承租经营以及转包、转租取得的所得。

（4）个人从事其他生产经营活动取得的所得。

纳税人取得经营所得，按年计算个人所得税，由纳税人在月度或季度终了后15日内，向经营管理所在地主管税务机关办理预缴纳税申报。在取得所得的次年3月31日前，向经营管理所在地主管税务机关办理汇算清缴；从两处以上取得经营所得的，选择向其中一处经营管理所在地主管税务机关办理年度汇总申报，并分别报送不同内容的《个人所得税生产经营所得纳税申报表》（见表6—8）。

3. 取得境外所得纳税申报期限

居民个人从中国境外取得所得的，应当在取得所得的次年3月1日至6月30日内，向中国境内任职、受雇单位所在地主管税务机关办理纳税申报。

4. 汇算清缴期限

需要办理汇算清缴的纳税人，应当在取得所得的次年3月1日至6月30日内，向任职、受雇单位所在地主管税务机关办理纳税申报，并报送《个人所得税年度申报表》。纳税人办理综合所得汇算清缴，应当准备与收入、专项扣除、专项附加扣除、依法确定的其他扣除、捐赠、享受税收优惠等相关的资料，并按规定留存备查或报送。

5. 取得应税所得，扣缴义务人未扣缴税款的纳税申报期限

纳税人取得应税所得，扣缴义务人未扣缴税款的，应当区别以下情形办理纳税申报：

（1）非居民个人取得工资、薪金所得，劳务报酬所得，稿酬所得，特许权使用费所得的，应当在取得所得的次年6月30日前，向扣缴义务人所在地主管税务机关办理纳税申报，并报送《个人所得税自行纳税申报表》（见表6—9）。

表 6—8　　个人所得税生产经营所得纳税申报表（A 表）

税款所属期：　年　月　日至　年　月　日　　　　金额单位：人民币元（列至角分）

<table>
<tr><td rowspan="2">投资者信息</td><td>姓名</td><td></td><td>身份证件类型</td><td></td><td>身份证件号码</td><td></td></tr>
<tr><td>国籍（地区）</td><td colspan="3"></td><td>纳税人识别号</td><td></td></tr>
<tr><td rowspan="3">被投资单位信息</td><td>名称</td><td colspan="3"></td><td>纳税人识别号</td><td></td></tr>
<tr><td>类型</td><td colspan="5">□个体工商户　□承包、承租经营单位　□个人独资企业　□合伙企业</td></tr>
<tr><td>征收方式</td><td colspan="5">□查账征收（据实预缴）　□查账征收（按上年应纳税所得额预缴）　□核定应税所得率征收　□核定应纳税所得额征收　□税务机关认可的其他方式______</td></tr>
</table>

行次	项　　目	金额
1	一、收入总额	
2	二、成本费用	
3	三、利润总额	
4	四、弥补以前年度亏损	
5	五、合伙企业合伙人分配比例（%）	
6	六、投资者减除费用	
7	七、应税所得率（%）	
8	八、应纳税所得额	
9	九、税率（%）	
10	十、速算扣除数	
11	十一、应纳税额（8×9-10）	
12	十二、减免税额（附报《个人所得税减免税事项报告表》）	
13	十三、已预缴税额	
14	十四、应补（退）税额（11-12-13）	

谨声明：此表是根据《中华人民共和国个人所得税法》及有关法律法规规定填写的，是真实的、完整的、可靠的。

纳税人签字：　　　　年　月　日

代理申报机构（负责人）签章： 经办人： 经办人执业证件号码： 代理申报日期：　　年　月　日	主管税务机关印章： 受理人： 受理日期：　　年　月　日

国家税务总局监制

说明：本表适用于个体工商户、企事业单位承包承租经营者、个人独资企业投资者和合伙企业合伙人在中国境内取得“个体工商户的生产经营所得”或“对企事业单位的承包经营、承租经营所得”的个人所得税月度（季度）纳税申报。

个人所得税生产经营所得纳税申报表（B表）

税款所属期： 年 月 日至 年 月 日 金额单位：人民币元（列至角分）

<table>
<tr><td rowspan="2">投资者信息</td><td>姓名</td><td></td><td>身份证件类型</td><td></td><td>身份证件号码</td><td></td></tr>
<tr><td>国籍（地区）</td><td colspan="3"></td><td>纳税人识别号</td><td></td></tr>
<tr><td rowspan="2">被投资单位信息</td><td>名称</td><td colspan="3"></td><td>纳税人识别号</td><td></td></tr>
<tr><td>类型</td><td colspan="5">□个体工商户 □承包、承租经营单位 □个人独资企业 □合伙企业</td></tr>
</table>

行次	项　目	金额
1	一、收入总额	
2	其中：国债利息收入	
3	二、成本费用（4+5+6+7+8+9+10）	
4	（一）营业成本	
5	（二）营业费用	
6	（三）管理费用	
7	（四）财务费用	
8	（五）税金	
9	（六）损失	
10	（七）其他支出	
11	三、利润总额（1-2-3）	
12	四、纳税调整增加额（13+27）	
13	（一）超过规定标准的扣除项目金额（14+15+16+17+18+19+20+21+22+23+24+25+26）	
14	（1）职工福利费	
15	（2）职工教育经费	
16	（3）工会经费	
17	（4）利息支出	
18	（5）业务招待费	
19	（6）广告费和业务宣传费	
20	（7）教育和公益事业捐赠	
21	（8）住房公积金	
22	（9）社会保险费	
23	（10）折旧费用	
24	（11）无形资产摊销	
25	（12）资产损失	
26	（13）其他	
27	（二）不允许扣除的项目金额（28+29+30+31+32+33+34+35+36）	
28	（1）个人所得税税款	
29	（2）税收滞纳金	
30	（3）罚金、罚款和被没收财物的损失	
31	（4）不符合扣除规定的捐赠支出	
32	（5）赞助支出	

续表

<table>
<tr><th>行次</th><th colspan="2">项　　目</th><th>金额</th></tr>
<tr><td>33</td><td colspan="2">（6）用于个人和家庭的支出</td><td></td></tr>
<tr><td>34</td><td colspan="2">（7）与取得生产经营收入无关的其他支出</td><td></td></tr>
<tr><td>35</td><td colspan="2">（8）投资者工资、薪金支出</td><td></td></tr>
<tr><td>36</td><td colspan="2">（9）国家税务总局规定不准扣除的支出</td><td></td></tr>
<tr><td>37</td><td colspan="2">五、纳税调整减少额</td><td></td></tr>
<tr><td>38</td><td colspan="2">六、纳税调整后所得（11+12−37）</td><td></td></tr>
<tr><td>39</td><td colspan="2">七、弥补以前年度亏损</td><td></td></tr>
<tr><td>40</td><td colspan="2">八、合伙企业合伙人分配比例（%）</td><td></td></tr>
<tr><td>41</td><td colspan="2">九、允许扣除的其他费用</td><td></td></tr>
<tr><td>42</td><td colspan="2">十、投资者减除费用</td><td></td></tr>
<tr><td>43</td><td colspan="2">十一、应纳税所得额（38−39−41−42）或［（38−39）×40−41−42］</td><td></td></tr>
<tr><td>44</td><td colspan="2">十二、税率（%）</td><td></td></tr>
<tr><td>45</td><td colspan="2">十三、速算扣除数</td><td></td></tr>
<tr><td>46</td><td colspan="2">十四、应纳税额（43×44−45）</td><td></td></tr>
<tr><td>47</td><td colspan="2">十五、减免税额（附报《个人所得税减免税事项报告表》）</td><td></td></tr>
<tr><td>48</td><td colspan="2">十六、实际应纳税额（46−47）</td><td></td></tr>
<tr><td>49</td><td colspan="2">十七、已预缴税额</td><td></td></tr>
<tr><td>50</td><td colspan="2">十八、应补（退）税额（48−49）</td><td></td></tr>
<tr><td colspan="2" rowspan="3">附列资料</td><td>年平均职工人数（人）</td><td></td></tr>
<tr><td>工资总额（元）</td><td></td></tr>
<tr><td>投资者人数（人）</td><td></td></tr>
<tr><td colspan="4">谨声明：此表是根据《中华人民共和国个人所得税法》及有关法律法规规定填写的，是真实的、完整的、可靠的。

纳税人签字：　　年　月　日</td></tr>
<tr><td colspan="3">代理申报机构（负责人）签章：

经办人：
经办人执业证件号码：
代理申报日期：　　年　月　日</td><td>主管税务机关印章：

受理人：

受理日期：　　年　月　日</td></tr>
</table>

国家税务总局监制

说明：本表适用于个体工商户、企事业单位承包承租经营者、个人独资企业投资者和合伙企业合伙人在中国境内取得“个体工商户的生产经营所得”或“对企事业单位的承包经营、承租经营所得”的个人所得税 2015 年及以后纳税年度的汇算清缴。

个人所得税生产经营所得纳税申报表（C表）

税款所属期：　年　月　日至　年　月　日　　　　金额单位：人民币元（列至角分）

<table>
<tr><td rowspan="2">投资者信息</td><td>姓名</td><td></td><td>身份证件类型</td><td></td><td>身份证件号码</td><td colspan="2"></td></tr>
<tr><td>国籍（地区）</td><td colspan="3"></td><td>纳税人识别号</td><td colspan="2"></td></tr>
<tr><td rowspan="9">各被投资单位信息</td><td>被投资单位编号</td><td colspan="2">被投资单位名称</td><td colspan="2">被投资单位纳税人识别号</td><td>分配比例（%）</td><td>应纳税所得额</td></tr>
<tr><td>1. 汇缴地</td><td colspan="2"></td><td colspan="2"></td><td></td><td></td></tr>
<tr><td>2. 其他</td><td colspan="2"></td><td colspan="2"></td><td></td><td></td></tr>
<tr><td>3. 其他</td><td colspan="2"></td><td colspan="2"></td><td></td><td></td></tr>
<tr><td>4. 其他</td><td colspan="2"></td><td colspan="2"></td><td></td><td></td></tr>
<tr><td>5. 其他</td><td colspan="2"></td><td colspan="2"></td><td></td><td></td></tr>
<tr><td>6. 其他</td><td colspan="2"></td><td colspan="2"></td><td></td><td></td></tr>
<tr><td>7. 其他</td><td colspan="2"></td><td colspan="2"></td><td></td><td></td></tr>
<tr><td>8. 其他</td><td colspan="2"></td><td colspan="2"></td><td></td><td></td></tr>
<tr><td>行次</td><td colspan="6">项　　目</td><td>金额</td></tr>
<tr><td>1</td><td colspan="6">一、被投资单位应纳税所得额合计</td><td></td></tr>
<tr><td>2</td><td colspan="6">二、应调增的投资者减除费用</td><td></td></tr>
<tr><td>3</td><td colspan="6">三、调整后应纳税所得额（1+2）</td><td></td></tr>
<tr><td>4</td><td colspan="6">四、税率（%）</td><td></td></tr>
<tr><td>5</td><td colspan="6">五、速算扣除数</td><td></td></tr>
<tr><td>6</td><td colspan="6">六、应纳税额（3×4−5）</td><td></td></tr>
<tr><td>7</td><td colspan="6">七、本单位经营所得占各单位经营所得总额的比重（%）</td><td></td></tr>
<tr><td>8</td><td colspan="6">八、本单位应纳税额（6×7）</td><td></td></tr>
<tr><td>9</td><td colspan="6">九、减免税额（附报《个人所得税减免税事项报告表》）</td><td></td></tr>
<tr><td>10</td><td colspan="6">十、实际应纳税额</td><td></td></tr>
<tr><td>11</td><td colspan="6">十一、已缴税额</td><td></td></tr>
<tr><td>12</td><td colspan="6">十二、应补（退）税额（10−11）</td><td></td></tr>
<tr><td colspan="8">谨声明：此表是根据《中华人民共和国个人所得税法》及有关法律法规规定填写的，是真实的、完整的、可靠的。
纳税人签字：　年　月　日</td></tr>
<tr><td colspan="4">代理申报机构（负责人）签章：

经办人：
经办人执业证件号码：
代理申报日期：　年　月　日</td><td colspan="4">主管税务机关印章：

受理人：

受理日期：　年　月　日</td></tr>
</table>

国家税务总局监制

说明：本表适用于个体工商户、企事业单位承包承租经营者、个人独资企业投资者和合伙企业合伙人在中国境内两处或者两处以上取得“个体工商户的生产经营所得”或“对企事业单位的承包经营、承租经营所得”的同项所得合并计算纳税的个人所得税年度汇总纳税申报。

表 6—9

个人所得税自行纳税申报表（A 表）

税款所属期：自　年　月　日至　年　月　日　　　　金额单位：人民币元（列至角分）

姓名		国籍（地区）		身份证件类型		身份证件号码	
自行申报情形	□从中国境内两处或者两处以上取得工资、薪金所得　□没有扣缴义务人　□其他情形						

任职受雇单位名称	所得期间	所得项目	收入额	免税所得	税前扣除项目								减除费用	准予扣除的捐赠额	应纳税所得额	税率（%）	速算扣除数	应纳税额	减免税额	已缴税额	应补（退）税额
					基本养老保险费	基本医疗保险费	失业保险费	住房公积金	财产原值	允许扣除的税费	其他	合计									
1	2	3	4	5	6	7	8	9	10	11	12	13	14	15	16	17	18	19	20	21	22

谨声明：此表是根据《中华人民共和国个人所得税法》及其实施条例和国家相关法律法规规定填写的，是真实的、完整的、可靠的。

纳税人签字：　年　月　日

代理机构（人）公章： 经办人： 经办人执业证件号码：	主管税务机关受理专用章： 受理人：
代理申报日期：　年　月　日	受理日期：　年　月　日

国家税务总局监制

说明：本表适用于“从中国境内两处或者两处以上取得工资、薪金所得的”“取得应纳税所得，没有扣缴义务人的”以及“国务院规定的其他情形”的个人所得税申报。

个人所得税自行纳税申报表（B表）

税款所属期：自　年　月　日至　年　月　日　　　　金额单位：人民币元（列至角分）

姓名		身份证件类型	
国籍（地区）		身份证件号码	

所得来源国（地区）	所得项目	收入额	税前扣除项目								减除费用	准予扣除的捐赠额	应纳税所得额	工资、薪金所得项目月应纳税所得额	税率（%）	速算扣除数	应纳税额
			基本养老保险费	基本医疗保险费	失业保险费	住房公积金	财产原值	允许扣除的税费	其他	合计							
1	2	3	4	5	6	7	8	9	10	11	12	13	14	15	16	17	18

本期应缴税额计算	国别（地区）	扣除限额	境外已纳税额	五年内超过扣除限额未补扣余额	本期应补缴税额	未扣除余额
	19	20	21	22	23	24

谨声明：此表是根据《中华人民共和国个人所得税法》及其实施条例和国家相关法律法规规定填写的，是真实的、完整的、可靠的。

纳税人签字：　年　月　日

代理机构（人）签章：
经办人：
经办人执业证件号码：
代理申报日期：　年　月　日

主管税务机关受理专用章：
受理人：
受理日期：　年　月　日

国家税务总局监制

说明：本表适用于“从中国境外取得所得”的纳税人的纳税申报。

非居民个人在次年 6 月 30 日前离境（临时离境除外）的，应当在离境前办理纳税申报。

（2）纳税人取得利息、股息、红利所得，财产租赁所得，财产转让所得和偶然所得的，应当在取得所得的次年 6 月 30 日前，按相关规定向主管税务机关办理纳税申报，并报送《个人所得税自行纳税申报表》。

四、个人所得税的纳税申报方法

纳税人可以采用远程终端、邮寄等方式申报，也可以直接到主管税务机关申报。

练习题

1. 什么是居民个人纳税人和非居民纳税人？主要划分标准是什么？
2. 个人所得税的纳税对象主要包括哪些？
3. 个人所得税专项附加扣除有哪些项目？相关扣除标准是多少？
4. 个人公益性捐赠扣除数额，为什么有的限制在应税所得 30% 内，而有的则没有限制？
5. 什么叫累计预扣法？
6. 个人综合所得包括哪些内容？在计算个人所得税时如何规定其应纳税所得额？

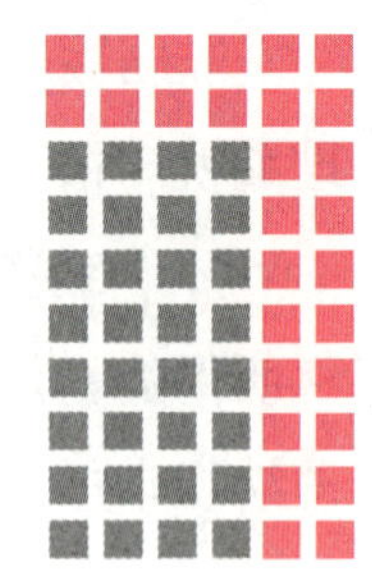

第七章
其他税种

学习目标

- 掌握资源税的概念、应纳税额的计算方法及纳税申报方法
- 掌握城镇土地使用税的概念、应纳税额的计算方法及纳税申报方法
- 掌握房产税的概念、应纳税额的计算方法及纳税申报方法
- 掌握车船税的概念、应纳税额的计算方法及纳税申报方法
- 掌握印花税的概念、应纳税额的计算方法及纳税申报方法
- 掌握契税的概念、应纳税额的计算方法及纳税申报方法
- 掌握城市维护建设税的概念、应纳税额的计算方法及纳税申报方法
- 掌握土地增值税的概念、应纳税额的计算方法及纳税申报方法

第一节 资 源 税

一、资源税概述

1. 资源税概念

资源税是以各种自然资源为课税对象的一种税。从理论上讲，资源税的征收范围应当包括一切开采的自然资源，但目前我国资源税的征收仅限于矿产品和盐，对其他自然资源则不征收资源税。所以，资源税仅指以矿产品和盐等为课税对象的一种税。

2. 资源税纳税人

在中华人民共和国领域及管辖海域从事应税资源开采或生产而进行销售或自用的所有单位和个人，为资源税的纳税人。

3. 资源税纳税对象和纳税范围

根据《中华人民共和国资源税暂行条例》(以下简称《资源税暂行条例》)规定，我国资源税选定原油、天然气、煤炭、其他非金属矿原矿、黑色金属矿原矿、有色金属矿原矿和盐七种资源为应税资源。

4. 资源税税目和税率

资源税按不同性质的资源确定了七个税目。其他非金属矿原矿科目下设普通非金属矿原矿和贵重非金属矿原矿两个子目，有色金属矿原矿科目下设稀土矿和其他有色金属矿原矿两个子目，盐税目下设固体盐和液体盐两个子目。资源税税目、税率表见表 7—1。

表 7—1 资源税税目、税率表

序号	税 目		税 率
1	原油		销售额的 5% ~ 10%
2	天然气		销售额的 5% ~ 10%

续表

序号	税目		税率
3	煤炭	焦煤	8 ~ 12 元 / 吨
		其他煤炭	0.3 ~ 5 元 / 吨
4	其他非金属矿原矿	普通非金属矿原矿	0.5 ~ 20 元 / 吨或立方米
		贵重非金属矿原矿	0.5 ~ 20 元 / 千克或克拉
5	黑色金属矿原矿		2 ~ 30 元 / 吨
6	有色金属矿原矿	稀土矿	0.4 ~ 60 元 / 吨
		其他有色金属矿原矿	0.4 ~ 30 元 / 吨
7	盐	固体盐	10 ~ 60 元 / 吨
		液体盐	2 ~ 10 元 / 吨

注：

1. 原油是指开采的天然原油，不包括人造石油。
2. 天然气是指专门开采或者与原油同时开采的天然气。
3. 煤炭是指原煤，不包括洗煤、选煤及其他煤炭制品。
4. 其他非金属矿原矿是指上列产品和井矿盐以外的非金属矿原矿。
5. 固体盐是指海盐原盐、湖盐原盐和井矿盐。液体盐是指卤水。

5. 资源税减税和免税政策

按照税法规定，符合下列情形之一的，减征或免征资源税：

（1）在开采原油过程中用于加热、修井的原油，免税。

（2）纳税人开采或者生产应税产品过程中，因意外事故或者自然灾害等原因遭受重大损失的，由省、自治区、直辖市人民政府酌情决定减税或者免税。

（3）对冶金独立矿山铁矿石资源税减征 60%，对有色金属矿石的资源税在规定税额的基础上减征 30%。

（4）国务院规定的其他减税、免税项目。

纳税人开采或者生产应税产品，自用于连续生产应税产品的，不缴纳资源税；自用于其他方面的，视同销售，按规定缴纳资源税。

纳税人的减税、免税项目，应当单独核算应税销售额和课税数量。未单独核算或者不能准确提供销售额和课税数量的，不予减税或免税。

二、资源税应纳税额计算

资源税应纳税额的计算，按照从价定率或者从量定额的办法，分别以应税产品的销售额乘以纳税人具体适用的比例税率或者以应税产品的销售数量乘以纳税人具体适用的定额税率计算。

纳税人开采或者生产不同税目应税产品的，应当分别核算不同税目应税产品的销售额或者销售数量；未分别核算或者不能准确提供不同税目应税产品的销售额或者销售数量的，从高适用税率。

资源税分为从价计征和从量计征两种。计算公式为：

从价计征应纳资源税额 = 应税销售额 × 比例税率

从量计征应纳资源税额 = 应税销售数量 × 定额税率

［例 7—1］某油田 2018 年 1 月开采原油 1 000 吨，对外销售 600 吨，每吨不含税售价为 5 000 元，开采原油过程中用于加热、修井使用原油 50 吨，已知原油适用的资源税税率为 6%。要求计算该油田当月应纳资源税额。

【例题解析】根据《资源税暂行条例》规定，在开采原油过程中用于加热、修井的原油，免征资源税。资源税的应纳税额按照从价定率的办法，以应税产品的销售额乘以适用的比例税率计算。根据《财政部　国家税务总局关于调整原油、天然气资源税有关政策的通知》规定，原油、天然气矿产资源补偿费费率降为零，相应将资源税适用税率由 5% 提高至 6%。资源税应税销售额为纳税人销售应税产品向购买方收取的全部价款和价外费用，但不包括收取的增值税销项税额。

应纳资源税额 = 应税销售额 × 比例税率

=600×5 000×6%=18（万元）

［例 7—2］某油田开采原油 80 万吨，2017 年销售原油 70 万吨，非生产性自用 5 万吨，另有 2 万吨采油过程中用于加热和修理油井，3 万吨待售。已知该油田每吨原油不含税售价为 5 000 元，适用的资源税税率为 6%。要求计算该油田当年应纳资源税额。

【例题解析】根据《资源税暂行条例》规定，资源税应税销售数量包括纳税人开采或者生产应税产品的实际销售数量和视同销售的自用数量。在开采原油过程中用于加热、修井的原油，免征资源税。

应纳资源税额 = 应税销售额 × 比例税率

=（70+5）×5 000×6%=22.5（万元）

［例 7—3］某铅锌矿开采出的矿产品既有硫铁矿，又有二等的铅锌矿石。该企业销售硫铁矿 15 000 吨，销售二等的铅锌矿石 31 000 吨，未分别核算，记账时统一登记销售矿产品 46 000 吨。已知硫铁矿的单位税额为每吨 1 元，铅锌矿石的单位税额为每吨 3.50 元。要求计算该铅锌矿应纳资源税额。

【例题解析】由于该企业未分别核算硫铁矿和铅锌矿石的数量，则从高适用税额计算资源税。

课税数量 =15 000+31 000=46 000（吨）

应纳资源税额 = 课税数量 × 单位税额

=46 000×3.50=16.1（万元）

［例 7—4］某油田 2018 年 4 月生产原油 50 000 吨，同时开采天然气 8 000 千立方米。本月销售原油 54 000 吨，销售天然气 7 000 千立方米，本厂职工生活福利用天然气 500 千立方米。假定油田每吨原油不含税售价为 5 000 元，天然气不含税售价为 1.5 元 / 立方米（1 500 元 / 千立方米），原油、天然气资源税率均为 6%。要求计算该油田当月应纳资源税额。

【例题解析】原油、天然气适用从价定率计算应纳资源税额；纳税人开采或者生产应税产品的实际销售数量和视同销售的自用数量计税；职工生活福利用天然气，应视同对外销售，以移送使用数量为计税数量。

应纳资源税额 = 应税销售额 × 比例税率

=54 000×5 000×6%+（7 000+500）×1 500×6%

=1 620+67.5=1 687.5（万元）

［例 7—5］某盐场 2018 年 5 月以自产的液体盐 50 000 吨加工成固体盐 20 000 吨，直接对外销售；另耗用外购液体 30 000 吨（已纳资源税 60 000 元）加工成固体盐 12 000 吨，全部对外销售，假定该盐场固体盐的单位税额为 10 元。要求计算该盐场当月应纳资源税额。

【例题解析】盐场自产液体盐加工成固体盐销售的，按固体盐销量计税；外购已税液体盐加工成固体盐销售的，已纳资源税准许扣除。

应纳资源税额 = 课税数量 × 单位税额 − 准许抵扣资源税

=20 000×10+12 000×10−60 000=26（万元）

三、资源税纳税申报

1. 资源税纳税期限

资源税纳税人的纳税期限为 1 日、3 日、5 日、10 日、15 日或者 1 个月，由主管税务机关根据实际情况具体规定，不能按固定期限计算纳税的，可以按次计算纳税。

资源税纳税人以 1 个月为一期纳税的，自期满之日起 10 日内申报纳税；以

1日、3日、5日、10日或者15日为一期纳税的，自期满之日起5日内预缴税款，于次月1日起10日内申报纳税并结清上月税款。

2. 资源税纳税地点

纳税人缴纳资源税，应当向应税产品的开采或者生产所在地主管税务机关缴纳。具体实施时，跨省、自治区、直辖市开采或者生产资源税应税产品的纳税人，其下属生产单位与核算单位不在同一省、自治区、直辖市的，对其开采或者生产的应税产品，一律在开采地或者生产地纳税。实行从量计征的应税产品，其应纳税款一律由独立核算的单位按照每个开采地或者生产地的销售量及适用税率计算划拨；实行从价计征的应税产品，其应纳税款一律由独立核算的单位按照每个开采地或者生产地的销售量、单位销售价格及适用税率计算划拨。

纳税人在本省、自治区、直辖市范围内开采或者生产应税产品，其纳税地点需要调整的，由省、自治区、直辖市税务机关决定。

3. 资源税纳税义务确认

资源税纳税人销售应税产品，其纳税义务发生时间为销售合同规定的收款日期当天；如采用分期收款结算方式销售的，其纳税义务发生时间为发出应税产品的当天；采用预收货款结算方式，其纳税义务发生时间为收讫销售款或取得索取销售款凭据的当天；采用其他结算方式的，其纳税义务发生时间为收购未税矿产品支付首笔货款或开具支付货款凭据的当天。

纳税人自产自用应税产品视同销售，在移送使用的当天确认销售收入，计算应纳资源税。

第二节 城镇土地使用税

一、城镇土地使用税概述

1. 城镇土地使用税概念

城镇土地使用税简称土地使用税，是对城市、县城、建制镇和工矿区范围内使用国有土地的单位和个人，就其使用土地的面积，按规定的税额征收的一种税。

2. 城镇土地使用税纳税人

在开征土地使用税的地区内使用土地的单位和个人，都是城镇土地使用税的纳税人。城镇土地使用税由拥有土地使用权的单位和个人缴纳。拥有城镇土地使用权的纳税人不在土地所在地的，由代管人或实际使用人纳税。土地使用权共有的，由共有各方分别缴纳。城镇土地使用权属未确定或权属纠纷未解决的，由实际使用人为纳税人。外商投资企业、外国企业和在华机构的用地也要征收城镇土地使用税。

3. 城镇土地使用税纳税范围和计税依据

城镇土地使用税在城市、县城、建制镇、工矿区开征，凡是在纳税范围内的土地（农业用地除外），不论国家或集体，不论单位或个人，只要是非农业用地，都应照章纳税。城市的征税范围为市区和郊区，县城的征税范围为县人民政府所在地的城镇，建制镇的征税范围为镇人民政府所在地（不包括所辖的其他村）。城市、县城、建制镇、工矿区的具体征税范围，由各省、自治区、直辖市人民政府划定。

城镇土地使用税的纳税依据为纳税人实际占用的土地面积。土地占用面积是由省、自治区、直辖市人民政府确定的单位组织测定的土地面积。对尚未组织测量，但纳税人持有政府部门核发的土地使用证书的，以证书确认的土地使用面积为准。尚未核发土地使用证书的，由纳税人据实申报土地面积，待土地面积测量后，按测定的面积进行调整（税务机关不能核定纳税人实际使用的土地面积）。土地使用权共有的各方，应按其实际使用的土地面积占总面积的比例，分别计算缴纳城镇土地使用税。

4. 城镇土地使用税单位税额

根据《中华人民共和国城镇土地使用税暂行条例》（以下简称《城镇土地使用税暂行条例》）规定，城镇土地使用税以纳税人实际占用的土地面积（m^2）为计税依据。税额按大城市、中等城市、小城市、县城、建制镇、工矿区等不同等级规定，每平方米的年税额分别规定为：

大城市 1.5 ~ 30 元，中等城市 1.2 ~ 24 元，小城市 0.9 ~ 18 元，县城、建制镇、工矿区 0.6 ~ 12 元。

各省、自治区、直辖市根据市政建设情况和经济繁荣程度，在国家规定税额标准的幅度内，具体规定辖区内各市、县、建制镇、工矿区适用的幅度税额。市、县人民政府根据实际情况，将本地区土地划分为若干等级，在省级人民政府确定的税额幅度内制定税额标准，并报省级政府批准。

上述税额是国家根据经济发展状况，参考城市主要经济指标，结合各地区收取土地使用费的费额标准，以及企业的承受能力测算确定的。采取幅度税额并分等级的主要原因是，我国幅员辽阔，沿海、内地、边疆之间土地级差收益差别较大，同一地区内不同地段的市政建设状况和经济繁荣程度也有很大差别，因此，为了平衡税负，把幅度税额的差距定为 20 倍。这样，各地政府在划分辖区内各地段等级，确定其适用税额时，选择余地较大。此外，《城镇土地使用税暂行条例》还规定，经济发达地区适用税额标准应适当提高，但须报财政部批准。经济落后地区的税额标准报经省级、自治区、直辖市人民政府批准可以降低，但不能低于规定最低标准的 30%。

5. 城镇土地使用税减税和免税政策

（1）国家预算收支单位的自用地免税

1）国家机关、人民团体、军队自用土地（即办公用地和公务用地）。其中“人民团体”是指经国务院授权的政府部门批准设立或登记备案并由国家拨付行政事业费的各种社会团体。

2）由国家财政部门拨付事业经费的单位自用的土地（即单位本身业务用地）。企业办的学校、医院、托儿所、幼儿园，其用地能与企业其他用地明确区分的，免征城镇土地使用税。

3）宗教寺庙、公园、名胜古迹自用的土地。其中，“宗教寺庙自用的土地”是指举行宗教仪式等的用地和寺庙内宗教人员生活用地。“公园、名胜古迹自用的土地”是指供公众参观游览的用地及其管理单位的办公用地（不包括其中附设的各种营业单位使用的土地）。

4）市政街道、广场、绿化地带等公共用地。

5）直接用于农、林、渔业生产用地，即直接从事于种植、养殖、饲养的专业用地，不包括农副产品加工场地和生活、办公用地。

6）经批准开山填海整治的土地和改造的废弃土地，从使用月份起免缴城镇土地使用税 5 至 10 年。

7）对非营利性医疗机构、疾病控制机构和妇幼保健机构等卫生机构自用的土地，免征城镇土地使用税。对营利性医疗机构自用的土地自 2000 年起免征城镇土地使用税 3 年。

8）企业办的学校、医院、托儿所、幼儿园，其用地能与企业其他用地明确区分的，免征城镇土地使用税。

9）免税单位无偿使用纳税单位的土地（如公安、海关等单位使用铁路、民航等单位的土地），免征城镇土地使用税。纳税单位无偿使用免税单位的土地，纳税单位应照章缴纳城镇土地使用税。纳税单位与免税单位共同使用、共有使用权的土地上的多层建筑，对纳税单位可按其拥有建筑面积占建筑总面积的比例计征城镇土地使用税。

10）对行使国家行政管理职能的中国人民银行总行（含国家外汇管理局）所属分支机构自用的土地，免征城镇土地使用税。

（2）国有重点扶植项目免税

1）对企业的铁路专用线、公路等用地，在厂区以外，与社会公用地段未加隔离的，暂免征收城镇土地使用税。

2）对企业厂区以外的公共绿化用地和向社会开放的公园用地，暂免征收城镇土地使用税。

3）对水利设施及其管护用地（如水库库区、大坝、堤防、灌渠、泵站等用地），免征城镇土地使用税；其他用地，如生产、办公、生活用地，应照章征收城镇土地使用税。

4）对林区的有林地、运材道、防火道、防火设施用地，免征城镇土地使用税。林业系统的森林公园、自然保护区，可比照公园免征城镇土地使用税。

5）对高校后勤实体免征城镇土地使用税。

（3）土地由省、自治区、直辖市地方税务局确定减免城镇土地使用税

1）个人所有的居住房屋及院落用地。

2）免税单位职工家属的宿舍用地。

3）民政部门举办的安置残疾人占一定比例的福利工厂用地。

4）集体和个人办的各类学校、医院、托儿所、幼儿园用地。

二、城镇土地使用税应纳税额计算

城镇土地使用税按纳税人实际占用的面积，依照规定的税额计算征收。新征用的耕地，自批准征用之日起满 1 年时开始缴纳土地使用税。新征用的非耕地，自批准征用次月起缴纳土地使用税。城镇土地使用税按年计算，分期缴纳。计算

公式如下:

应纳城镇土地使用税额 = 应税土地的实际使用面积 × 适用单位税额

多个纳税人共用一个多层建筑的，某纳税人应按其拥有建筑面积占总建筑面积的比例计算应缴纳的土地使用税。计算公式如下:

应纳城镇土地税额 =（应税土地面积 × 级次土地单位税额）× 某纳税人使用建筑面积 / 该楼总建筑面积

［例 7—6］某企业 2018 年 1 月实际占用土地 5 000 平方米，该企业地处中等城市，当地政府规定土地使用税单位税额为 8 元 / 平方米。同年 2 月与郊区某乡镇联合征用 2 000 平方米土地（其中，耕地 500 平方米，非耕地 1 500 平方米，税额 4 元 / 平方米）用于办该企业分厂，3 月在城里占用 1 500 平方米土地建盖子弟学校。纳税期限是 3 个月。要求计算该企业 1 ～ 3 月应纳城镇土地使用税额。

【例题解析】根据《城镇土地使用税暂行条例》规定，土地使用税按年计算、分期缴纳，征用非耕地，应从批准用地次月起缴纳土地使用税。故企业征用非耕地 1 500 平方米，应从 3 月份计税，征用的 500 平方米耕地满一年后才开始缴纳，故暂不征收土地使用税。学校占地免税。

应纳城镇土地使用税额 = 应税土地的实际使用面积 × 适用单位税额

$=（5000×8×3÷12）+（1500×4×1÷12）=10500$（元）

［例 7—7］×× 国有商业集团公司其土地使用证书记载的土地使用面积为 50 000 平方米，其中商业大厦使用土地面积 6 000 平方米，附属商场使用土地面积 12 000 平方米，仓库使用土地面积 12 000 平方米，宿舍使用土地面积 15 000 平方米，幼儿园使用土地面积 2 000 平方米，职工医院使用土地面积 3 000 平方米。要求计算该集团公司年应纳城镇土地使用税额。适用单位税额见表 7—2。

表 7—2　×× 国有商业集团公司使用土地适用单位税额

项目	使用土地面积（㎡）	土地级次	单位税额（元）	年应纳税额（元）
商业大厦	6 000	2	3.5	21 000
附属商场	12 000	4	1.0	12 000
仓库	12 000	5	0.6	7 200
宿舍	15 000	3	2.0	30 000
幼儿园	2 000	3	2.0	按规定免交
职工医院	3 000	3	2.0	按规定免交
合计	50 000	—	—	70 200

【例题解析】

应纳城镇土地使用税额＝应税土地的实际使用面积 × 适用单位税额

＝6 000 × 3.5+12 000 × 1.0+12 000 × 0.6+15 000 × 2.0

＝21 000+12 000+7 200+30 000=70 200（元）

三、城镇土地使用税纳税申报

1. 城镇土地使用税纳税期限

城镇土地使用税实行按年计算、分期缴纳的办法，具体纳税期限由各省、自治区、直辖市人民政府确定。

2. 城镇土地使用税纳税地点

城镇土地使用税由土地所在地税务机关负责征收。土地管理机关应当向土地所在地的税务机关提供土地使用权属资料。使用的土地不属于同一省（自治区、直辖市）管辖范围的，应由纳税人分别向土地所在地的税务机关缴纳土地使用税。在同一省（自治区、直辖市）管辖范围内，纳税人跨地区使用土地，由各省、自治区、直辖市税务局确定纳税地点。

第三节　房　产　税

一、房产税概述

1. 房产税概念

房产税是以房屋为征税对象，按照房产的余值（即房产的原值按照规定一次减除一定比例后的余值）或出租房产的租金收入，向房产的所有人或经营管理人征收的一种税。

2. 房产税纳税人

房产税以在中华人民共和国境内拥有房屋产权的单位和个人为其纳税人。具体包括：

（1）房屋产权属于全民所有的，由其经营管理的单位为纳税人。产权属于集体或个人的，以集体或个人为纳税人。

（2）房屋产权出典的，以其承典人为纳税人。

（3）租典纠纷尚未解决的，以房产代管人或使用人为纳税人。

（4）房屋产权所有人、承典人不在房产所在地，以使用人或代管人为纳税人。

3. 房产税征收范围

坐落在城市、县城、建制镇和工矿区范围内的房屋，均缴纳房产税。城市是指国务院批准设立的市，其范围是市区、郊区和市辖县城，不包括农村。县城是指未设立建制镇的县人民政府所在地的地区。建制镇是指经省、自治区、直辖市人民政府批准设立的建制镇。工矿区是指工商业比较发达，人口比较集中，符合国务院规定的建镇标准但尚未设立建制镇的大中型工矿企业所在地。

4. 房产税税率

房产税采用比例税率。其中对依照房产余值计算缴纳的，税率为 1.2%。对依照房产的租金收入计算缴纳的，税率为 12%。但对个人按市场价格出租的居民住房，可暂按 4%的税率征收房产税。

5. 房产税免税政策

《中华人民共和国房产税暂行条例》（以下简称《房产税暂行条例》）和《房产税暂行条例实施细则》规定，下列房产免征房产税：

（1）国家机关、人民团体、军队自用的房产。

（2）由国家财政部门拨付事业经费的单位自用的房产。

（3）宗教、寺庙、公园、名胜古迹自用的房产。

（4）个人所有非营业用的房产（不包括别墅）。

（5）高等学校用于教学及科研等本身业务用房产和土地，免征房产税。对高校学生提供住宿服务并按高教系统收费标准收取租金的学生公寓，免征房产税。对企业办的各类学校、医院、托儿所、幼儿园、敬老院使用的房产，也可以比照由国家财政部门拨付事业经费的单位自用的房产，免征房产税。

（6）经批准关闭、停产的企业在停产期间闲置未用的房产。

（7）经财政部批准免税的其他财产。

二、房产税应纳税额计算

房产税的计税依据是房产余值或房产的租金收入。按照房产余值征税的，称为从价计征；按照房产租金收入征税的，称为从租计征。

1. 从价计征

从价计征房产税是以房产余值为计税依据。因为房屋的使用会发生自然损耗，使用期间越长，损耗就越大，而房产的余值就越低，所以按照房产余值计税比较合理。但是如果每年核算房产余值，则征纳双方的计算工作十分复杂，为了简化手续，《房产税暂行条例》和《房产税暂行条例实施细则》规定，房产税依照房产原值一次减除 10% ~ 30%后的余值计算缴纳。

具体减除幅度，由省、自治区、直辖市人民政府根据当地具体情况确定。房产原值是指纳税人按照会计制度规定，在账簿“固定资产”账户中记载的房屋原价。对纳税人未按会计制度规定记载的或没有原值作为依据的，计征房产税时，应由房产所在地税务机关参考同类房屋核定其房产原值，作为计算余值的依据，对房产原值明显不合理的，应重新按规定予以评估。从价计征应纳房产税的计算公式如下：

应纳房产税额 = 房产原值 ×（1– 扣除比例）×1.2%

= 房产账面原值 ×（1–30%）×1.2%

= 房产计税余值 ×1.2%

2. 从租计征

对房屋出租的，房产税以房屋租金收入为计税依据。租金收入是指房屋产权所有人出租房产使用权所得的报酬，包括货币收入和实物收入。如果是以劳务或者其他形式抵付房租收入的，应根据当地同类房产的租金水平，确定一个标准金额从租计征。从租计征应纳房产税的计算公式如下：

应纳房产税额 = 租金收入 ×12%

以上方法是按年计征的，如分期缴纳，按半年缴纳的应以年应纳税额除以 2，按季缴纳的应以年应纳税额除以 4，按月缴纳的应以年应纳税额除以 12。

［例 7—8］某企业某年固定资产账簿上记载房屋原值为 500 万元。假定该地

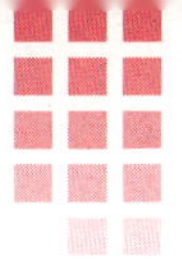

区规定房产余值按房产原值一次扣除30%计算。要求计算该企业当年应纳房产税额。

【例题解析】

应纳房产税额=房产原值×（1-扣除比例）×1.2%

=500×（1-30%）×1.2%=4.2（万元）

[例7—9]某企业某年7月购入房屋一栋用于办公，账面价值为100万元。假定该地区规定房产余值按房产原值一次扣除30%计算。要求计算此房屋当年应纳房产税额。

【例题解析】

应纳房产税额=房产原值×（1-扣除比例）×1.2%

=100×（1-30%）×1.2%×5÷12=0.35（万元）

[例7—10]甲企业一办公楼的房屋原值为500万元，建筑面积为3 000平方米。某年1月1日，甲企业将办公楼的一部分出租给乙企业，出租面积为600平方米，租金为20万元，租赁期限为一年，甲企业于6月1日一次性取得全部租金。假定该地区规定房产余值按房产原值一次扣除30%计算。要求计算甲企业当年应纳房产税额。

【例题解析】

自用部分应缴房产税额=房产原值×（1-扣除比例）×1.2%

=500×（1-30%）×1.2%×（3 000-600）÷3 000

=3.36（万元）

出租部分应纳房产税额=租金收入×12%

=20×12%=2.4（万元）

全年应纳房产税额=2.4+3.36=5.76（万元）

三、房产税纳税申报

1. 房产税纳税义务发生时间

（1）纳税人将原有房产用于生产经营，从生产经营之月起缴纳房产税。

（2）纳税人自行新建房屋用于生产经营，从建成之日的次月起缴纳房产税。

（3）纳税人委托施工企业建设的房屋，从办理验收手续的次月起缴纳房产税。对纳税人在办理手续前，即已经使用或出租、出借的新建房屋，应从使用或出租、出借的当月起缴纳房产税。

2. 房产税纳税期限

房产税实行按年征收、分期缴纳。纳税期限由各省、自治区、直辖市人民政府确定，既可按季缴纳，也可以分上、下半年两次缴纳。

3. 房产税纳税地点

房产税在房产所在地缴纳。对房产不在同一地方的纳税人，应按房产的坐落地点分别向房产所在地的税务机关缴纳。

第四节 车 船 税

一、车船税概述

1. 车船税概念

车船税是指对在中华人民共和国境内应依法到公安、交通、农业、渔业、军事等管理部门办理登记的车辆、船舶，根据其种类，按照规定的计税依据和年税额标准计算征收的一种财产税。

2. 车船税纳税人

在中华人民共和国境内属于《中华人民共和国车船税法》(以下简称《车船税法》)所附《车船税税目税额表》规定的车辆、船舶的所有人或者管理人（对车船具有管理使用权、不具有所有权的单位或个人）为车船税的纳税人。

3. 车船税征收范围

车船税的征税范围是在中华人民共和国境内属于《车船税法》所附《车船税税目税额表》所规定的应税车辆和船舶。具体包括：

（1）依法应当在车船登记管理部门登记的机动车辆和船舶。

（2）依法不需要在车船登记管理部门登记的在单位内部场所行驶或者作业的机动车辆和船舶。

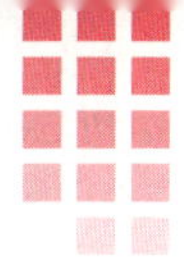

4. 车船税税目和税额

（1）车船税税目

车船税的税目分为5大类，包括乘用车、商用车、其他车辆、摩托车和船舶。

1）乘用车为核定载客人数9人（含）以下的车辆。

2）商用车包括客车和货车，其中客车为核定载客人数9人（含）以上的车辆（包括电车），货车包括半挂牵引车、客货两用汽车、三轮汽车和低速载货汽车等。

3）其他车辆包括专用作业车和轮式专用机械车（不包括拖拉机）。

4）船舶包括机动船舶、非机动驳船、拖船和游艇。

（2）车船税税额

车船税对各类车船分别以辆数、自重或净吨位为计税依据，其标准如下：

1）按辆计税。例如，乘用车、商用客车、摩托车等。

2）按自重吨位（整备质量）计税。例如，载货车、三轮汽车、低速载货汽车、专业作业车等。

3）按净吨位计税。例如，船舶等。

4）按船身长度计税。例如，游艇等。

车船税税目、税额表见表7—3。

表7—3　　车船税税目、税额表

税目		计税单位	每年税额（元）	备注
乘用车（按发动机气缸容量）分档	1.0升（含）以下的	每辆	60～360元	核定载客人数9人（含）以下
	1.0升以上至1.6升（含）		300～540元	
	1.6升以上至2.0升（含）		360～660元	
	2.0升以上至2.5升（含）		660～1 200元	
	2.5升以上至3.0升（含）		1 200～2 400元	
	3.0升以上至4.0升（含）		2 400～3 600元	
	4.0升以上		3 600～5 400元	

续表

税目		计税单位	每年税额（元）	备注
商用车	客车	每辆	480 ～ 1 440 元	核定载客人数 9 人以上，包括电车。客车载客 20 人以下和 20 人（含）以上两档递增税额，由省、市政府确定，上报备案
	货车	整备质量每吨	16 ～ 120 元	1. 包括半挂牵引车、挂车、客货两用汽车、三轮汽车和低速载货汽车等。 2. 挂车按照货车税额的 50% 计算
其他车辆	专业作业车、轮式专用机械车	整备质量每吨	16 ～ 120 元	不包括拖拉机
摩托车		每辆	36 ～ 180 元	
船舶	机动船	按净吨位每吨	3 ～ 6 元	拖船和非机动驳船分别按船舶税额的 50%计算
	机动船具体适用		3 元 / 吨	净吨位≤ 200 吨的
			4 元 / 吨	净吨位 201 ～ 2 000 吨的
			5 元 / 吨	净吨位 2 001 ～ 10 000 吨的
			6 元 / 吨	净吨位 10 001 吨及其以上的
	游艇	艇身长每米	600 ～ 2 000 元	
	游艇具体适用		600 元	不超过 10 米的
			900 元	超过 10 米但不超过 18 米的
			1 300 元	超过 18 米但不超过 30 米的
			2 000 元	超过 30 米的
	辅助动力帆艇		600 元	

注：

1. 三轮汽车是指在车辆管理部门登记为三轮汽车或者三轮农用运输车的机动车。

2. 低速载货汽车是指在车辆管理部门登记为低速货车或者四轮农用运输车的机动车。

3. 专项作业车是指装置有专用设备或者器具，用于专项作业的机动车。轮式专用机械车是指具有装卸、挖掘、平整等设备的轮式自行机械。

4. 客货两用汽车按照载货汽车标准计征车船税。

5. 从事运输业务的拖拉机所挂的拖车，均按载重汽车净吨位的 5 折计征车船使用税。

6.《车船税法》和《车船税法实施条例》所涉及的排气量、整备质量、核定载客人数、净吨位、千瓦、艇身长度，以车船登记管理部门核发的车船登记证书或者行驶证所载数据为准。机动车的整备质量是指车辆自重。

7. 车辆自重尾数在 0.5 吨以下（含 0.5 吨）的，按照 0.5 吨计算。超过 0.5 吨的，按照 1 吨计算。船舶净吨位尾数在 0.5 吨以下（含 0.5 吨）的不予计算，超过 0.5 吨的按照 1 吨计算。1 吨以下的小型车船，一律按照 1 吨计算。

5. 车船税免税政策

根据《车船税法》规定，下列车船免征车船税：

（1）捕捞、养殖渔船。

（2）军队、武装警察部队专用的车船。

（3）警用车船。

（4）依照法律规定应当予以免税的外国驻华使领馆、国际组织驻华代表机构及其有关人员的车船。

（5）对节约能源、使用新能源的车船可以减征或者免征车船税。

（6）对受严重自然灾害影响纳税困难以及有其他特殊原因确需减税、免税的，可以减征或者免征车船税。

（7）省、自治区、直辖市人民政府根据当地实际情况，可以对公共交通车船，农村居民拥有并主要在农村地区使用的摩托车、三轮汽车和低速载货汽车定期减征或者免征车船税。

二、车船税应纳税额计算

车船税是按不同计税依据所确定的计税数量和规定的单位税额计算的。计算公式为：

乘用车、商用汽车、摩托车年应纳车船税额＝计税车辆数量 × 适用单位税额

载货车、三轮汽车、低速载货汽车、专业作业车年应纳车船税额＝自重吨位数量 × 适用单位税额

船舶年应纳车船税额＝净吨位数量 × 适用单位税额

拖船和非机动驳船年应纳车船税额＝净吨位数量 × 适用单位税额 ×50%

购置的新车船，购置当年的应纳税额自纳税义务发生的当月起按月计算。计算公式如下：

应纳车船税额＝（年应纳税额 ÷12）× 应纳税月份数

对于税务机关已批准减税的机动车：

应纳车船税额＝减税前应纳税额 ×（1– 减税幅度）

［例 7—11］某运输公司拥有并使用以下车辆和船舶：从事运输用的自重 2 吨的三轮汽车 5 辆；自重 5 吨的载货卡车 10 辆；净吨位 40 吨的机动船 5 艘；核定载客人数 20 人的商用客车 2 辆。假设当地政府规定，载货汽车和载货三轮汽车的车辆税额为 60 元 / 吨，乘坐 20 人商用客车税额为 500 元 / 辆，船舶每年税

额 6 元 / 吨。要求计算该公司当年应纳车船税额。

【例题解析】

（1）客车年应纳车船税额 = 计税车辆数量 × 适用单位税额

=2×500=1 000（元）

（2）货车、三轮汽车年应纳车船税额 = 自重吨位数量 × 适用单位税额

=（2×5+5×10）×60=3 600（元）

（3）拖船年应纳车船税额 = 净吨位数量 × 适用单位税额 ×50%

=40×5×6×50%=600（元）

（4）合计应纳车船税额 =1 000+3 600+600=5 200（元）

［例 7—12］某施工企业 2017 年 8 月 1 日购进核定载客人数 45 人（简称 45 座）的商用客车 2 辆，核定载客人数 11 人（简称 11 座）的商用汽车 3 辆，用于接送职工。该企业原有乘用车 5 辆，排气量 2.0 升，专项作业车 10 辆（自重吨位均为 5 吨）。假设排气量 2.0 升的乘用车年税额为 660 元 / 辆，45 座客车年税额为 1 440 元 / 辆，11 座客车年税额为 480 元 / 辆，专业作业车年税额为 60 元 / 吨。要求计算该企业当年应纳车船税额。

【例题解析】购置的新车船，购置当年的应纳税额自纳税义务发生的当月起按月计算。

（1）新购客车当年应纳车船税额 =（年应纳税额 ÷12）× 应纳税月份数

= 计税车辆数量 × 适用单位税额 ÷12× 应纳税月份数

=（2×1 440+3×480）÷12×5=1 800（元）

（2）原有乘用车年应纳车船税额 = 计税车辆数量 × 适用单位税额

=5×660=3 300（元）

（3）专业作业车年应纳车船税额 = 整备质量 × 适用单位税额

=5×10×60=3 000（元）

（4）该企业当年应纳车船税额 =1 800+3 300+3 000=8 100（元）

［例 7—13］某小型运输公司拥有并使用以下车辆：

（1）从事运输用的整备质量为 2 吨的挂车 5 辆。

（2）整备质量为 5 吨的货车 10 辆。

（3）整备质量为 6 吨的半挂牵引车 8 辆。

（4）9 月 1 日又购入客货两用车 3 辆，整备质量每辆 1.3 吨，9 月投入使用。当地政府规定载货汽车整备质量为 60 元 / 吨。

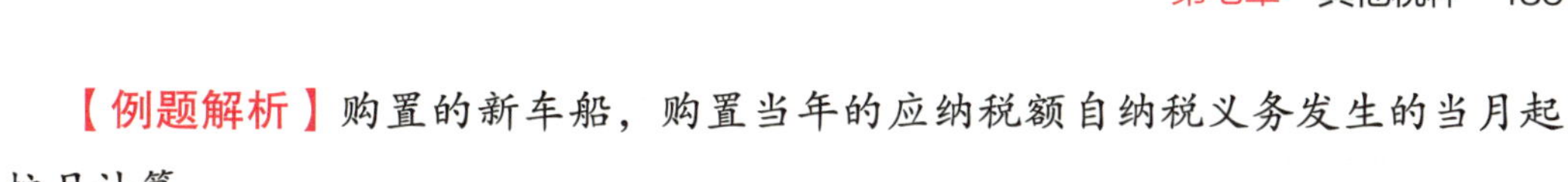

【例题解析】购置的新车船，购置当年的应纳税额自纳税义务发生的当月起按月计算。

（1）挂车应纳车船税额 =2×5×60×50%=300（元）

（2）货车和半挂车应纳车船税额 =（5×10+6×8）×60=5 880（元）

（3）新购客货两用车应纳车船税额 =1.3×3×60÷12×4=78（元）

（4）合计应纳车船税额 =300+5 880+78=6 258（元）

［例 7—14］某集团运输公司拥有以下车船：净吨位 4 000 吨的机动船 1 艘，净吨位 1 200 吨的机动拖船 2 艘，非机动船 9 艘，其中：净吨位 150 吨的 3 艘，净吨位 300 吨的驳船 6 艘，另有机动车 12 辆，其中：40 座载客汽车 2 辆，排气量 2.0 升乘用车 3 辆，自重为 2 吨的载货汽车 4 辆，自重为 1.5 吨的半挂牵引车 3 辆。车船税税目、税额见表 7—3。要求按年税额最高档计算该集团公司年应纳车船税额。

【例题解析】拖船和非机动驳船按船舶税额的 50% 计算。

（1）机动船应纳车船税额 = 净吨位数量 × 适用单位税额

=4 000×5=20 000（元）

（2）拖船和非机动驳船年应纳车船税额 = 净吨位数量 × 适用单位税额 ×50%

=［150×3×3+（1 200×2+300×6）×4］×50%

=9 075（元）

（3）载客汽车年应纳车船税额 = 计税车辆数量 × 适用单位税额

=2×1 440+3×660=4 860（元）

（4）载货车年应纳车船税额 = 自重吨位数量 × 适用单位税额

=（2×4+1.5×3）×120=1 500（元）

全年应纳车船税额 =20 000+9 075+4 860+1 500=35 435（元）

三、车船税纳税申报

1. 车船税纳税义务发生时间

车船税纳税义务发生时间为取得车船所有权或者管理权的当月。纳税人未按照规定到车船管理部门办理应税车船登记手续的，以车船购置发票所载开具时间的当月作为车船税的纳税义务发生时间。对未办理车船登记手续且无法提供车船购置发票的，由主管地方税务机关核定纳税义务发生时间。

2. 车船税纳税期限

车船税由纳税人向当地的税务部门申报缴纳。通常是按年征收、分期缴纳，具体的缴纳期限由省、自治区、直辖市人民政府规定。购置车船的单位和个人应按当地政府的规定，持购置证明，在一定期限内向当地税务部门申报纳税。纳税人在购买机动车交通事故责任强制保险时缴纳车船税的，不再向地方税务机关申报纳税。

在一个纳税年度内，已经缴纳车船税的车船变更所有权或管理权的，地方税务机关对原车船所有人或管理人不予办理退税手续，对现车船所有人或管理人也不再征收当年度的税款。未缴纳车船税的车船变更所有权或管理权的，由现车船所有人或管理人缴纳该纳税年度的车船税。

3. 车船税纳税地点

车船税的纳税地点由省、自治区、直辖市人民政府根据当地实际情况确定。一般车船税的纳税地点为车船的登记地或者车船税扣缴义务人所在地。依法不需要办理登记的车船，车船税的纳税地点为车船的所有人或者管理人所在地。单位的车船，其车船税在经营所在地或机构所在地缴纳。个人的车船，其车船税在住所所在地缴纳。外埠牌照的车船，其车船税在车船登记地缴纳。

第五节 印 花 税

一、印花税概述

1. 印花税概念

印花税是对经济活动和经济交往中书立、领受具有法律效力的应税凭证的行为所征收的一种税。纳税人主要是通过在应税凭证上贴印花税票来完成纳税义务的，故称为印花税。印花税属于一种行为课税。

2. 印花税征税范围

凡是在中华人民共和国境内书立、领受和在中国境外书立，但在中国境内具有法律效力、受中国法律保护的各种应税凭证，均属于印花税的纳税范围。具体包括以下五大类应税凭证：

（1）各类合同，即根据《中华人民共和国经济合同法》《中华人民共和国涉外经济合同法》及其他有关合同法规订立的合同。

（2）产权转移书据，即单位和个人产权的买卖、继承、赠与、交换或分割等时所立的书据。

（3）营业账簿，即单位和个人记载生产经营活动所设立的会计核算账簿。

（4）权利许可证照，即政府部门发给的工商营业执照、商标注册证、专利证、房屋产权证和土地使用证等证照。

（5）股权转让书据，即股份制企业向社会公开发行的股票，因买卖、继承、赠与所立股权转让书据。

（6）财政部确定征税的其他凭证。

3. 印花税纳税人

凡在中华人民共和国境内书立、领受《中华人民共和国印花税暂行条例》（以下简称《印花税暂行条例》）中所列举凭证的单位和个人都是印花税的纳税人。具体有以下四类：

（1）立合同人，是指对书立属于应税合同的凭证有直接权利义务关系的单位和个人。

（2）立账簿人，是指开立并使用营业账簿的单位和个人。

（3）立据人，是指书立产权转移书据的单位和个人。

（4）领受人，是指领取并持有权利许可证的单位和个人。

4. 印花税税目和税率

印花税只针对《印花税税目税率表》中列举的凭证和经财政部确定征税的其他凭证征税。《印花税暂行条例》确定了印花税的 13 种税目，采用比例税率和定额税率两种方法计税。印花税本着“税负从轻，公平负担”的原则，所以税率很低。比例税率分为 0.5 ‱、3 ‱、5 ‱、1‰，定额税率为 5 元 / 件。详见表 7—4。

表 7—4 印花税税目、税率表

税目	范围	税率（贴花比例）	纳税人
购销合同	包括供应、预购采购、购销结合及协作、调剂、补偿易货等	按购销金额 3‱ 贴花	立合同人
加工承揽合同	包括加工、定做、修缮、修理、印刷、广告、测绘、测试等	按加工或承揽收入 5‱贴花	立合同人
建设工程勘察设计合同	包括勘察、设计等	按收取费用 5‱ 贴花	立合同人
建筑安装工程承包合同	包括建筑安装工程承包等	按承包费用 3‱ 贴花	立合同人
财产租赁合同	包括租赁房屋、船舶、飞机、机动车辆、机械、器具、设备等	按租赁金额 1‰贴花。税额不足 1 元的按 1 元贴花	立合同人
货物运输合同	包括民用航空、铁路运输、海上运输、公路运输和联运等	按运输费用 5‱ 贴花	立合同人
仓储保管合同	包括仓储、保管等	按仓储保管费用 1‰贴花	立合同人
借款合同	银行及其他金融组织和借款人（不包括银行同业拆借）所签订的借款合同	按借款金额 0.5‱ 贴花	立合同人
财产保险合同	包括财产、责任、保证、信用等	按保险费用收入 1‰贴花	立合同人
技术合同	包括技术开发、转让、咨询服务等	按所载金额 3‱ 贴花	立合同人
产权转移书据	包括财产所有权和版权、商标专用权、专利权、专有技术使用权等转移书据	按所载金额 5‱ 贴花	立合同人
营业账簿	生产、经营用账册	记载资金的账簿，按实收资本、资本公积的合计金额 5‱ 贴花。其他账簿按 5 元 / 件贴花	领受人
权利许可证照	包括政府部门发给的房屋产权证、工商营业执照、商标注册证、专利证、土地使用证	按 5 元 / 件贴花	领受人

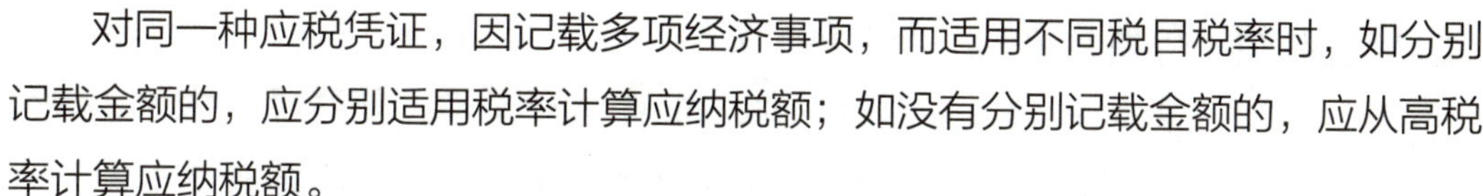

对同一种应税凭证，因记载多项经济事项，而适用不同税目税率时，如分别记载金额的，应分别适用税率计算应纳税额；如没有分别记载金额的，应从高税率计算应纳税额。

5. 印花税免税政策

根据《印花税暂行条例》及其施行办法的规定，下列凭证免征印花税：

（1）已缴纳印花税凭证的副本或者抄本。

（2）财产所有人将财产赠给政府、社会福利单位、学校所立的书据。

（3）国家指定的收购部门与村民委员会、农民个人书立的农副产品收购合同。

（4）有关部门根据国家政策需要发放的无息、贴息贷款合同。

（5）外国政府或国际金融组织向我国政府及国家金融机构提供的优惠贷款书立合同。

（6）财政部门批准免税的其他凭证。

二、印花税应纳税额计算

印花税应纳税额的计税依据是应税凭证所记载的计税金额或应税凭证的件数，计算方法有从价定率和从量定额两种：

从价定率（按比例税率）方法的计算公式如下：

应纳印花税额 = 应税凭证所记载的金额 × 适用比例税率

从量定额（按件定额）方法的计算公式如下：

应纳印花税额 = 应税凭证的件数 × 适用定额税额

［例 7—15］某企业与运输公司签订一份运输合同，货物运输费用为 26 000 元，仓库保管费用为 4 000 元；与保险公司签订汽车保险合同，保险费 60 000 元。要求计算该企业应纳印花税额。

【例题解析】

（1）货物运输合同应纳印花税额 = 运输费用 × 适用比例税率

=26 000 × 5‱ =13（元）

（2）仓库保管合同应纳印花税额 = 仓库保管费用 × 适用比例税率

=4 000 × 1‰ =4（元）

（3）保险合同应纳印花税额 = 保险费用 × 适用比例税率

=60 000 × 1‰ =60（元）

（4）应纳印花税额合计 =13+4+60=77（元）

［例 7—16］某公司向市工商行政机关申请注册登记，领取营业执照。该公司注册资金 50 万元已全部到账。建立企业账册 5 本，其中资金账册 1 本。要求计算该公司应纳印花税额。

【例题解析】记载资金的账簿，按实收资本、资本公积的合计金额 5‰，其他账簿按 5 元 / 件，政府部门发给的工商营业执照按 5 元 / 件，计算应纳印花税额。

（1）账册 3 本应纳印花税额 = 应税账簿数量 × 适用定额税额

=4×5=20（元）

（2）资金账册（实收资本）应纳印花税额 = 账簿所记实收资本的金额 × 适用比例税率

=500 000×5‰ =250（元）

（3）营业执照 1 份应纳印花税额 = 应税凭证的件数 × 适用定额税额

=1×5=5（元）

（4）应纳印花税合计 =20+5+250=275（元）

三、印花税纳税申报

1. 印花税缴纳方法

印花税实行由纳税人根据规定自行计算应纳税额，购买并一次贴足印花税票（以下简称贴花）的缴纳方法。为简化贴花手续，应纳税额较大或者贴花次数频繁的，纳税人可向税务机关提出申请，采取以缴款书代替贴花或者按期汇总缴纳的办法。

2. 印花税纳税环节和纳税地点

印花税的纳税环节应当在书立或领受时贴花。印花税一般实行就地纳税。

3. 印花税票

印花税票是缴纳印花税的完税凭证，由国家税务总局负责监制。票面金额以人民币为单位，分为壹角、贰角、伍角、壹元、贰元、伍元、拾元、伍拾元、壹佰元 9 种。印花税票为有价证券。印花税票可以委托单位或个人代售，并由税务机关付给 5%的手续费，支付来源从实征印花税款中提取。

第六节 契 税

一、契税概述

1. 契税概念

契税是在土地、房屋权属转移变动时按当事人双方所订契约中不动产价格的一定比例向产权承受人征收的一种税。承受是指以受让、购买、受赠、交换等方式取得土地、房屋权属的行为。

2. 契税纳税人

在我国境内转移土地、房屋权属，承受的单位和个人为契税纳税人，即以受让、购买、受赠、交换或其他方式取得土地、房屋权属的单位和个人为契税纳税人。

3. 契税征税对象和征收范围

契税的征税对象为发生权属转移行为的土地、房屋。转移土地、房屋权属是指以下五种行为：

（1）国有土地使用权出让。即土地使用者向国家交付土地使用权出让费用，国家将国有土地使用权在一定年限内让予土地使用者的行为。

（2）土地使用权转让。即土地使用者以出售、赠与、交换或者其他方式将土地使用权转移给其他单位与个人的行为，但不包括农村集体土地承包经营权的转移。出售是指土地使用者以土地使用权作为交易条件，取得货币、实物、无形资产或者其他经济利益的行为。交换是指土地使用者之间互相交换土地使用权的行为。

（3）房屋买卖。即房屋的所有者将其房屋出售，由承受者交付货币、实物、无形资产或者其他经济利益的行为。

（4）房屋赠与。即房屋所有者将其房屋无偿转让给受赠人的行为。

（5）房屋交换。即房屋所有者之间相互交换房屋的行为。

以土地或房屋权属作价投资或入股、以土地或房屋权属抵债、以获奖方式承受土地或房屋权属、以预购方式或者预付集资建房款方式承受土地或房屋权属等方式转移的，视同土地使用权转让、房屋买卖或者房屋赠与行为，应予征税。

4. 契税税率

契税的税率为3%～5%。契税的适用税率由省、自治区、直辖市人民政府在3%～5%的幅度内按照本地区的实际情况确定，并报财政部和国家税务总局备案。

5. 契税免税政策

（1）国家机关、事业单位、社会团体、军事单位承受土地、房屋，用于办公、教学、医疗、科研和军事设施的，免征契税。

（2）城镇职工按规定第一次购买公有住房的，免征契税。

（3）因不可抗力灭失住房而重新购买住房的，酌情准予减征或者免征契税。

（4）土地、房屋被县级以上人民政府征用、占用后，重新承受土地、房屋权属的，是否减征或者免征契税，由省、自治区、直辖市人民政府确定。

（5）纳税人承受荒山、荒沟、荒丘、荒滩土地使用权，用于农、林、牧、渔业生产的，免征契税。

（6）依照我国有关法律规定以及我国缔结或参加的双边和多边条约或协定的规定应当予以免税的外国驻华使馆、领事馆、联合国驻华机构及其外交代表、领事官员和其他外交人员承受土地、房屋权属的，经外交部确认，可以免征契税。

二、契税应纳税额计算

1. 契税计税依据

（1）国有土地使用权出让、土地使用权出售、房屋买卖，以成交价格作为计税依据。

（2）土地使用权赠与、房屋赠与，由征税机关参照土地使用权出售、房屋买卖的市场价格确定。

（3）土地使用权交换、房屋交换，以交换土地使用权、房屋的“价格差额”

为计税依据。交换价格不相等的，由多交付货币的一方缴纳契税；交换价格相等的，免征契税。

（4）以划拨方式取得的土地使用权，经批准转让房地产时，以补交的土地使用权出让费用或者土地收益为计税依据。

2. 契税计算方法

契税采用比例税率，根据适用税率和计税依据计算应纳税额。计算公式如下：

应纳契税额 = 计税依据 × 适用税率

应纳契税额以人民币计算。转移土地、房屋权属以外汇计算的，按照纳税义务发生之日中国人民银行公布的市场汇率中间价折合成人民币计算。

［例 7—17］某企业向国家交付土地使用权出让费用 500 000 元，适用税率为 5%。要求计算该企业应纳契税额。

【例题解析】

应纳契税额 = 成交价格 × 适用税率

=500 000×5%=25 000（元）

［例 7—18］某公司接受某企业赠与土地使用权及楼房一幢，经财政部门评估核定，土地使用权市场价格为 20 万元，楼房市场价格为 40 万元，适用税率为 4%。要求计算该公司应纳契税额。

【例题解析】

受赠土地使用权、楼房应纳契税额 = 核定市场价格 × 适用税率

=（20+40）×4%=2.4（万元）

［例 7—19］A 公司以一栋房屋交换 B 公司一栋房屋，房屋交换契约注明：A 公司房屋价值 500 万元，B 公司房屋价值 360 万元。经税务机关核实，认为 A、B 双方房屋价值与契约注明价值相符。A、B 双方所在地契税税率均为 5%。要求计算 A、B 双方应纳契税额。

【例题解析】房屋交换其交换价格不相等的，计税依据为所交换房屋的价格差额，由多付货币、实物、无形资产或其他经济利益的一方缴纳税款；交换价格相等的，免征契税。土地使用权与房屋所有权之间相互交换的也按此办法征税。依据此规定，在此项房屋交换中，B 公司应付给 A 公司差额，可是本例题的契约中并无此意，B 公司虽未多付，但是为多得的一方，属于房屋承受人，所以，B 公司应为契税纳税人。

B公司应纳契税额＝核定的房屋差价 × 适用税率

＝（500–360）×5%=7（万元）

［例7—20］甲、乙两单位互换经营性用房，甲的房屋价格为500万元，乙的房屋价格为550万元，房屋价格不足的部分由甲单位用自产产品补足，当地政府规定的契税税率为3%。要求计算甲、乙双方应纳契税额。

【例题解析】房屋产权互换，其价值不相等的，按照超出部分由支付差价方缴纳契税。支付差价的一方为甲方，所以应由甲方缴纳契税。

甲单位应纳契税额＝核定的房屋差价 × 适用税率

＝（550–500）×3%=1.5（万元）

三、契税纳税申报

1. 契税纳税义务发生时间和纳税地点

契税纳税义务发生时间为纳税人签订土地、房屋权属转移合同的当天，或纳税人取得其他具有土地、房屋权属转移合同性质凭证的当天。契税纳税地点为土地、房屋所在地。

2. 契税纳税期限

纳税人应自纳税义务发生之日起10日内，向土地、房屋所在地的契税征收机关办理纳税申报，并在契税征收机关核定的期限内缴纳税款。

3. 契税纳税申报方法

纳税人应按照有关要求，如实向土地、房屋所在地税务机关办理纳税申报，如实填写契税纳税申报表（见表7—5）。

表7—5　　契税纳税申报表

填表日期：　年　月　日　　　　单位：元、平方米

承受方	名称		识别号	
	地址		联系电话	
转让方	名称		识别号	
	地址		联系电话	

续表

<table>
<tr><td rowspan="5">土地、房屋
权属转移</td><td>合同签订时间</td><td colspan="3"></td></tr>
<tr><td>土地、房屋地址</td><td colspan="3"></td></tr>
<tr><td>权属转移类别</td><td colspan="3"></td></tr>
<tr><td>权属转移面积</td><td colspan="3">平方米</td></tr>
<tr><td>成交价格</td><td colspan="3">元</td></tr>
<tr><td>适用税率</td><td colspan="4"></td></tr>
<tr><td>计征税额</td><td colspan="4">元</td></tr>
<tr><td>减免税额</td><td colspan="4">元</td></tr>
<tr><td>应纳税额</td><td colspan="4">元</td></tr>
<tr><td>纳税人员
签　　章</td><td colspan="2"></td><td>经办人员
签　　章</td><td></td></tr>
</table>

第七节　城市维护建设税

一、城市维护建设税概述

1. 城市维护建设税概念

城市维护建设税简称城建税，是我国为了加强城市的维护建设，扩大和稳定城市维护建设资金的来源，对有经营收入的单位和个人征收的一个税种。

2. 城市维护建设税纳税人

城市维护建设税的纳税人是在征税范围内从事工商经营，缴纳增值税、消费税的单位和个人。任何单位或个人，只要缴纳增值税或消费税中的一种，就必须同时缴纳城市维护建设税和教育费附加。

3. 城市维护建设税征税范围

城市维护建设税在全国范围内征收，只要缴纳增值税、消费税的纳税人所在地方，除税法另有规定者外，都属于征收城市维护建设税和教育费附加的范围，即城市维护建设税以增值税和消费税征税范围为其征税范围。

4. 城市维护建设税税率

城市维护建设税是根据城市维护建设资金的不同层次的需要而设计的，实行分区域的差别比例税率，即按纳税人所在城市、县城或镇等不同行政区域分别规定不同的比例税率。具体规定为：

（1）纳税人所在地在市区的，税率为7%。“市”是指国务院批准市建制的城市，“市区”是指省人民政府批准的市辖区（含市郊）的区域范围。

（2）纳税人所在地在县城、镇的，税率为5%。“县城、镇”是指省人民政府批准的县城、县属镇（区级镇），县城、县属镇的范围是指县人民政府批准的城镇区域范围。

（3）纳税人所在地不在市区、县城、县属镇的，税率为1%。

5. 城市维护建设税减税和免税政策

城市维护建设税是以增值税、消费税的实缴税额为计税依据并同时征收，一般不再规定减免。但对下列情况可免征城市维护建设税：

（1）与增值税、消费税同减同免。

（2）海关对进口产品代征的流转税，免征城市维护建设税。

（3）对增值税和消费税实行先征后返、先征后退、即征即退办法的，除另有规定外，对随增值税和消费税附征的城市维护建设税，一律不予退（返）还。

二、城市维护建设税应纳税额计算

城市维护建设税应纳税额计算公式如下：

应纳城市维护建设税额＝纳税人实际缴纳的增值税、消费税 × 适用税率

［例 7—21］甲公司位于城市市区，城市维护建设税率为7%，2月缴纳增值税25万元，消费税10万元。要求计算该公司应纳城市维护建设税额。

【例题解析】

应纳城市维护建设税额＝纳税人实际缴纳的增值税、消费税 × 适用税率

＝（25+10）×7%=2.45（万元）

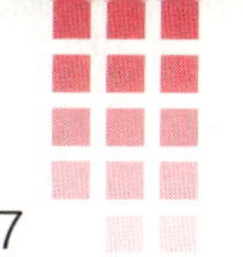

三、城市维护建设税纳税申报

城市维护建设税是以增值税和消费税的实缴税额为计税依据并同时征收。纳税人在申报缴纳增值税、消费税的同时计算申报缴纳城市维护建设税，具体缴纳办法由省、自治区、直辖市人民政府制定。如果纳税人违反了增值税、消费税、营业税三税条例的有关规定，税务部门对其追收应纳税款，加收滞纳金、罚款时，也应追征其应缴纳的城市维护建设税和教育费附加，并相应加收滞纳金或罚款。城市维护建设税应当与增值税和消费税同时缴纳，纳税期限和纳税地点也与其相同。

第八节 土地增值税

一、土地增值税概述

1. 土地增值税概念

土地增值税是指转让国有土地使用权、地上建筑物及其附着物并取得收入的单位和个人，以转让所取得的收入，包括货币收入、实物收入和其他收入减除法定扣除项目金额后的增值额为计税依据向国家缴纳的一种税。

2. 土地增值税纳税人

凡有偿转让中华人民共和国的国有土地使用权、地上建筑物及其附着物并取得收益的单位和个人，均为土地增值税纳税人。

3. 土地增值税纳税范围

土地增值税的纳税范围包括所有转让国有土地使用权、地上建筑物及其附着物（又称房地产）并取得收入的行为。即对转让国有土地使用权和出售房地产的行为征税。“国有土地”是指法律规定属于国家所有的土地。“地上建筑物”是指建于土地上的一切建筑物，包括地上、地下的各种附属设施。“附着物”是指附着于土地上的不能移动，或一经移动即遭损坏的种植物、养殖物及其他物品。因为土地归国家所有，所以转让土地只能转让其使用权。土地增值税只对有偿转让国有土地使用权的行为征税。“有偿转让”是指出售国有土地使用权及地上建筑物及其附着物产权的行为，不包括继承、赠与等无偿转让方式。

4. 土地增值税税率

土地增值税实行四级超率累进税率，即根据转让房地产的增值率来确定税率。增值率越高，税率越高。增值率是指房地产增值额占扣除项目金额的比率，其计算公式如下：

增值率＝增值额 ÷ 允许扣除项目金额 ×100%

＝（收入额－扣除项目金额）÷ 允许扣除项目金额 ×100%

具体的税率规定见表 7—6。

表 7—6　　土地增值税四级累进税率表

级次	级　距	税率（%）
1	土地增值额未超过扣除项目金额 50%（含 50%）的部分	30
2	土地增值额超过扣除项目金额 50%，未超过 100%（含 100%）的部分	40
3	土地增值额超过扣除项目金额 100%，未超过 200%（含 200%）的部分	50
4	土地增值额超过扣除项目金额 200%以上部分	60

注：本表所称的土地增值额是指纳税人转让房地产取得收入减除《中华人民共和国土地增值税暂行条例》规定扣除项目的金额。

为了计算方便，可将上述税率表换算出速算扣除率，见表 7—7。

表 7—7　　土地增值税速算扣除率

级次	增　值　率	税率（%）	速算扣除率（%）
1	50%（含）以下	30	0
2	50%～100%（含）	40	5
3	100%～200%（含）	50	15
4	200%以上	60	35

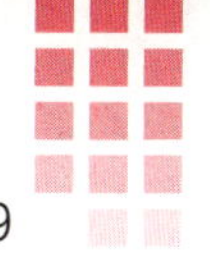

5. 土地增值税减税和免税政策

（1）纳税人建造普通标准住宅出售，土地增值额未超过扣除项目金额20%的免税。

（2）因国家建设需要而被政府征用、收回的房地产免税。

（3）个人因工作调动或改善居住条件而转让原自用住房，经向税务机关申报核准，凡居住满五年或五年以上的，免征土地增值税。居住满三年未满五年的，减半征土地增值税。居住未满三年的，按规定计征土地增值税。

（4）以房地产投资、联营的，投资、联营的一方以土地（房地产）作价入股进行投资或作为联营条件，将房地产转让到所投资、联营的企业中时，暂免征土地增值税。对于一方出地，另一方出资金，双方合作建房，建成后按比例分房自用的，暂免征土地增值税。在企业兼并中，对被兼并企业将房地产转让到兼并企业中的，暂免征土地增值税。房地产开发企业将开发的房产转为自用或者用于出租等商业用途，如果产权没有发生转移，不征收土地增值税。

（5）房地产的抵押是指房产所有者或土地使用者作为债务人或第三人向债权人提供不动产作为清偿债务的担保而不转移权属的法律行为。这种情况下房产的产权、土地使用权在抵押期间并没有发生权属的变更，因此对房地产的抵押，在抵押期间不征收土地增值税。

（6）房地产的代建行为是指房地产开发公司代客户进行房地产的开发，开发完成后向客户收取代建收入的行为。对于房地产开发公司而言，虽然取得了收入，但没有发生房地产权属的转移，其收入属于劳务收入性质，所以不属于土地增值税征税范围。

（7）按照财政部门的规定，在清产核资时对房地产进行重新评估而产生的评估增值，因其既没有发生房地产权属的转移，房产产权、土地使用权人也未取得收入，所以不属于土地增值税征税范围。

（8）土地使用者转让、抵押或置换土地，无论其是否取得了该土地的使用权属证书，无论其在转让、抵押或置换土地过程中是否与对方当事人办理了土地使用权属证书变更登记手续，只要土地使用者享有占用、使用收益或处分该土地的权利，具有合同等证据表明其实质转让、抵押或置换了土地并取得了相应的经济利益，土地使用者及其对方当事人就应当依照税法规定缴纳土地增值税和契税等。

二、土地增值税应纳税额计算

1. 土地增值税计税依据

土地增值税的计税依据是转让房地产所取得的土地增值额，即纳税人转让房地产所取得的收入减去税法允许扣除项目的金额。要确定土地增值税的计税依据，必须考虑两个因素：

（1）收入额的确定

房地产的转让收入包括转让房地产所取得的货币收入、实物收入和其他与转让房地产有关的经济收益。

（2）扣除项目金额的确定

税法允许的扣除项目包括以下各项：

1）取得土地使用权所支付的金额。

2）开发土地和新建房及配套设施的成本。

3）开发土地和新建房及配套设施的费用。

4）旧房及建筑物的评估价格。

5）与转让房地产有关的税金。

6）对从事房地产开发的纳税人，可按取得土地使用权所支付的金额与房地产开发成本之和加计20%扣除。

根据确定后的收入额、允许扣除项目金额，确定土地增值税的计税依据。计算公式如下：

土地增值税（即增值额）的计税依据＝收入额－扣除项目金额

2. 土地增值税计算方法

土地增值税按照纳税人转让房地产所取得的增值额和规定的税率计算征收。计算公式如下：

应纳土地增值税额＝∑（每级距的土地增值额×适用税率）

在实际工作中，分步计算比较烦琐，一般采用速算扣除法计算。即计算土地增值税税额，可按增值额乘以适用的税率减去扣除项目金额乘以速算扣除系数的简便方法计算。计算步骤如下：

第一步，确定房地产转让收入和扣除项目金额。

第二步，计算增值额，即转让收入减去扣除项目金额。

第三步，计算增值率（增值额占扣除项目金额的比例），即增值额除以扣除项目金额。

第四步，根据增值率，确定适用税率和速算扣除率。

第五步，计算应纳土地增值税额。计算公式如下：

应纳土地增值税额 = 土地增值额 × 适用税率 – 扣除项目金额 × 速算扣除率

［例 7—22］某公司（非主营房地产业务企业）转让土地使用权所取得的收入为 600 万元，其扣除项目金额为 120 万元。要求计算该公司应纳土地增值税额。

【例题解析】

第一种方法：

（1）增值额 = 收入额 – 扣除项目金额

=600–120=480（万元）

（2）增值额与扣除项目金额之比（增值率）= 增值额 ÷ 允许扣除项目金额 ×100%

=480 ÷ 120 × 100%=400%

（3）适用税率：由于增值额占扣除项目金额比例为 400%，分别适用 30%、40%、50%、60% 四档税率。

（4）应纳税土地增值税的分段计算：

应纳土地增值税额 =∑（每级距的土地增值额 × 适用税率）

1）增值额未超过扣除项目金额 50% 的部分：

应纳土地增值税额 =120 × 50% × 30%=18（万元）

2）增值额超过扣除项目金额 50%，未超过 100% 的部分：

应纳土地增值税额 =120 ×（100%–50%）× 40%=24（万元）

3）增值额超过扣除项目金额 100%，未超过 200% 的部分：

应纳土地增值税额 =120 ×（200%–100%）× 50%=60（万元）

4）增值额超过扣除金额 200% 的部分：

应纳土地增值税额 =（480–120 × 200%）× 60%=144（万元）

5）应纳土地增值税总额 =18+24+60+144=246（万元）

第二种方法（按速算扣除率法计算）：

（1）增值额 =600–120=480（万元）

（2）增值额与扣除项目金额之比 = 增值额 ÷ 允许扣除项目金额 ×100%

=480 ÷ 120 × 100%=400%

（3）适用税率及速算扣除率：

由于增值额超过扣除项目金额200%以上，故适用60%税率和35%的速算扣除率。

（4）应纳土地增值税额＝土地增值额×适用税率－扣除项目金额×速算扣除率

=480×60%–120×35%=288–42=246（万元）

［例7—23］某房地产开发公司转让已开发的土地使用权，取得转让收入1 400万元，为取得土地使用权所支付金额320万元，开发土地成本65万元，开发费用21万元（其中，符合规定标准的利息支出5万元），应纳有关税费77.7万元。要求计算该公司应纳土地增值税额。

【例题解析】凡不能按转让房地产项目计算分摊利息支出或不能提供金融机构证明的，按取得土地使用权所支付的金额和开发成本两项之和的10%以内的比例计算扣除。其他开发费用16万元，未超过（320+65）×5%=19.25万元，可据实扣除。对从事房地产开发的纳税人，可按取得土地使用权所支付的金额与房地产开发成本之和加计20%扣除。

扣除项目金额＝（320+65）×（1+20%）+21+77.7=560.7（万元）

增值额＝收入额－扣除项目金额

=1 400–560.7=839.3（万元）

增值率＝增值额÷允许扣除项目金额×100%

=839.3÷560.7×100%=149.69%

适用税率为50%，速算扣除率为15%。

应纳土地增值税额＝土地增值额×适用税率－扣除项目金额×速算扣除率

=839.3×50%–560.7×15%=335.55（万元）

［例7—24］某企业转让土地使用权时，连同地上建筑物一起转让，共取得收入25万元。该建筑物的评估价格为4.5万元，同时补交4.5万元的出让费用。要求计算该企业应纳土地增值税额。

【例题解析】

扣除项目金额=4.5+4.5=9（万元）

增值额＝收入额－扣除项目金额

=25–9=16（万元）

增值率＝增值额÷允许扣除项目金额×100%

=16÷9×100%=177.78%

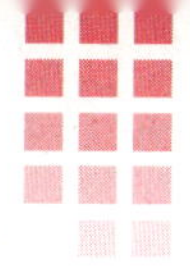

适用税率为 50%，速算扣除率为 15%。

应纳土地增值税额 = 土地增值额 × 适用税率 − 扣除项目金额 × 速算扣除率

$$=16\times 50\%-9\times 15\%=6.65\text{（万元）}$$

三、土地增值税纳税申报

1. 土地增值税纳税期限

纳税人不论是在项目全部竣工结算前转让房地产或以预售方式转让房地产取得收入，都应于月终后 10 日内就上月商品房转让或预售房款收入发生数，按 1% 预征率预征土地增值税，待其项目竣工办理结算时，再按项目增值情况，依据税率及计算方法进行结算，多退少补。

土地增值税的纳税人应于转让房地产合同签订之日起 7 日内，到房地产所在地的税务机关办理纳税申报手续，同时向税务机关提交房屋及建筑物产权和土地使用权证书、土地转让或房产买卖契约、交易标的物、会计报表和有关资料。然后纳税人按照税务机关核定的税额及规定的期限，到指定银行缴纳土地增值税。只有办理了土地增值税纳税手续并取得纳税凭证，才可办理产权变更手续。

2. 土地增值税纳税地点

土地增值税由房地产所在地的税务机关负责征收。如果房地产所在地，即土地坐落地跨两个或两个以上地区，对法人纳税人而言，独立核算单位在房地产所在地的，在独立核算单位所在地缴纳；如果独产核算单位不在房地产所在地的，由上一级税务机关根据情况确定纳税地点。对自然人纳税人而言，转让房地产坐落地与其居住所在地一致，应在居住所在地税务机关申报纳税；若不一致，则应在办理过户手续所在地的税务机关申报纳税。

练习题

1. 什么是资源税？现行资源税的征收对象有哪些？
2. 城镇土地使用税的计税依据和税额分别是怎么规定的？
3. 房产税的计税依据有哪些？请简要说明。
4. 车船税的计税依据有哪些？请分别简述。

5. 什么是印花税？什么是印花税票？
6. 什么是契税？契税的征税对象有哪些？契税的计税依据是什么？
7. 什么是城市维护建设税？城市维护建设税的计税依据是什么？
8. 如何确定土地增值税的计税依据？